O LIBERALISMO EM RETIRADA

Título original *The retreat of western liberalism*
© Copyright © Edward Luce, 2017
© Editora Âyiné, 2020
Todos os direitos reservados

Tradução Diogo Rosas G.

Preparação Juliana Cunha

Revisão Andrea Stahel, Ana Martini

Imagem da capa Julia Geiser

Projeto gráfico Renata de Oliveira Sampaio

ISBN: 978-85-92649-67-8

Editora Âyiné
Belo Horizonte · Veneza

Direção editorial Pedro Fonseca

Assistência editorial Érika Nogueira Vieira, Luísa Rabello

Produção editorial André Bezamat, Rita Davis

Conselho editorial Simone Cristoforetti, Zuane Fabbris

....

Praça Carlos Chagas, 49 – 2º andar
30170-140 Belo Horizonte – MG
+55 31 3291-4164
www.ayine.com.br
info@ayine.com.br

O liberalismo em retirada
Edward Luce

Tradução de Diogo Rosas G.

7	**PREFÁCIO**
23	**Fusão**
95	**Reação**
177	**Precipitação**
227	**Meia-vida**
249	*Agradecimentos*

PREFÁCIO

Aprendemos com a história que não aprendemos com a história.
Friedrich Hegel

Um bando de estudantes dirige em alta velocidade rumo a Berlim. *Alegria era estar vivo na aurora/Mas a juventude era o próprio céu*, escreveu Wordsworth sobre a Revolução Francesa. Os sentimentos do poeta capturavam nosso estado de espírito. O ano era 1989. Tendo crescido sob a sombra nuclear da Guerra Fria, a tentação de observar sua desaparição física era irresistível. Estudantes que éramos, não informamos ninguém de nossa ausência. No momento em que soubemos que a Alemanha Oriental tinha aberto o Checkpoint Charlie, unindo Berlim, estávamos a caminho. Quatro horas depois, havíamos tomado o *ferry* de Dover para Zeebrugge. Em dezoito horas, nós — três rapazes e duas garotas — também estávamos arrancando pedaços do muro ao lado de dezenas de milhares de pessoas, jovens e velhos, alemães e estrangeiros. Com cinzéis e picaretas, demos nossa minúscula contribuição àquela orgia de vandalismo histórico. Amizades foram forjadas com pessoas que nunca havíamos visto, nem voltaríamos a ver. Um grupo da Berlim Ocidental nos abraçou e dividiu conosco sua garrafa de champanhe. Haveria uma maneira mais apropriada de brindar à nova era do que com o champanhe de estranhos? Dois dias depois, voltamos à Inglaterra com uma ressaca crônica, surpresos por não termos sido multados por excesso de velocidade, cada um trazendo um pequeno fragmento do muro. Desde então, não sei onde foi parar meu souvenir. Mas o meu orientador, que havia notado a minha ausência, ficou satisfeito com a desculpa que apresentei. «Acho que é melhor do que as alternativas», disse ele, quando lhe mostrei meu pedaço do muro. «Você se divertiu?»

Estávamos contagiados pelo otimismo. Como estudante de Filosofia, Política e Economia (FPE) na Universidade de Oxford, eu acreditava que tinha a chave para compreender a importância histórica do momento. Os detratores do curso de FPE o apelidavam de «Fraca e Pobre Educação», e é possível que tivessem razão. Mas, naquele momento, todas aquelas crises sobre as quais redigíamos trabalhos na madrugada pareciam convergir. Um apelido menos depreciativo para o curso de FPE era «Os Grandes Modernos», uma referência ao venerável diploma de Oxford de «Grandes» em letras clássicas. Quanto ao conteúdo, há pouco o que comparar: as tragédias de Sófocles não têm muita relação com a árida lógica da economia de Oxford. Mas ambos compartilham uma certa presunção em relação à primazia do pensamento do Ocidente. Sobre esse ponto, ainda que praticamente só sobre ele, não existe desavença entre os antigos e os modernos.

Nós o chamamos de progresso — ou melhor, Progresso —, e a crença nele é a coisa mais próxima de uma religião que o Ocidente possui. Em 1989, seu cisma foi superado. Com a unificação entre a pujante ala ocidental e a combalida ala oriental pós-estalinista, deixou de existir qualquer conflito entre o presente e o presente.

Pouco antes da queda do Muro de Berlim, Francis Fukuyama publicou seu famoso ensaio «O fim da história?». «O que podemos estar testemunhando não é apenas o fim da Guerra Fria... mas o fim da história como tal: ou seja, o ponto final da evolução ideológica da humanidade e a universalização da democracia liberal ocidental como a forma final de governo», escreveu ele.[1] Apesar de não concordar com a visão de Fukuyama sobre a sociedade ideal, eu compartilhava do seu alívio. Um entrave gigantesco havia sido retirado de nosso caminho. Blocos ideológicos munidos de armas nucleares não mais se enfrentariam nas terras sangrentas da Europa Central. Aquele continente dividido, do qual a Grã-Bretanha já não se mantinha afastada, iria se unificar. Democracias tomariam o lugar do Pacto de Varsóvia, cujos regimes caíam como dominós diante de protestos pacíficos. Não era apenas a autocracia que morria, mas o nacionalismo. As fronteiras se abriam, os horizontes globais acenavam. Um mundo unipolar surgia. De um só golpe e sem disparar um único tiro, nossa geração celebrava

---

1 Francis Fukuyama, «The End of History?», *National Interest,* verão 1989.

os ritos funerários dos dois flagelos da modernidade ocidental: comunismo e fascismo. Como escreveria o historiador Eric Hobsbawm, o curto e genocida século XX, que começara com a Revolução Russa em 1917, chegou ao fim em 1989.[2] Apesar de ainda viver, a história sorria. A espécie humana havia provado ser capaz de aprender com seus erros. Foi um bom ano para completar 21 anos de idade.

Quase três décadas depois, após a vitória eleitoral de Donald Trump em 2016, eu estava em Moscou para assistir a uma conferência sobre «a ordem mundial policêntrica», o que, em russo, quer dizer «mundo pós-americano». A conferência era patrocinada pelo Instituto Primakov, batizado em homenagem ao homem que fora ministro das Relações Exteriores e primeiro-ministro da Rússia durante a década de 1990. Yevgeny Primakov foi substituído no cargo de primeiro-ministro por Vladimir Putin, em 1999. Enquanto eu e meus amigos dançávamos sobre os escombros do Muro de Berlim, a 150 quilômetros dali um cabisbaixo Putin via seu mundo desmoronar na sede da KGB em Dresden, uma cidade da então Alemanha Oriental. Tempos depois, ele descreveria a dissolução da União Soviética como «a maior tragédia geopolítica do século XX». Fora Primakov quem defendera o termo «multipolaridade», no que, à época, parecia uma tentativa vã de atenuar o triunfo dos Estados

---

2 Eric Hobsbawm, *Era dos extremos: o breve século XX*. Trad. Marcos Santarrita. São Paulo: Companhia das Letras, 1994.

Unidos no pós-Guerra Fria. Putin pegou o conceito e assenhoreou-se dele. Na qualidade de único poder mundial indispensável, os norte-americanos nunca gostaram muito da ideia de multipolaridade. Tamanha era a autoconfiança de Washington que os norte-americanos chegaram até a desdenhar a palavra «multilateralismo». Como disse Madeleine Albright, secretária de Estado dos Estados Unidos no fim da década de 1990: «[Ela] tem sílabas demais e termina em ‹ismo›».

Então, cá estava eu em Moscou, num evento com gente como Alexander Bortnikov, diretor da FSB (sucessor da KGB), e o próprio Vladimir Putin. Ainda que sem sorrir, era a vez da Rússia de comemorar. O Instituto me enviara o convite meses antes, e eu rapidamente me esquecera dele. No dia 9 de novembro, a manhã seguinte à eleição presidencial, enquanto eu tentava entender a nova realidade que se abria, lembrei-me do convite. Por uma estranha coincidência, o Muro de Berlim havia caído havia exatos 27 anos. A situação mudara. Os Estados Unidos acabavam de eleger um presidente fã de muros e admirador de Vladimir Putin. Enquanto Putin avaliava seu mundo devastado em 1989 e nós íamos a toda velocidade pela Autobahn, Donald Trump lançava um jogo de tabuleiro chamado «Trump: o Jogo». Com seu dinheiro falso e suas regras baseadas na propriedade, ele lembrava demais o Banco Imobiliário — exceto pelo fato de que, nos dados, o número seis fora substituído pela letra T. Como esperado, o jogo foi um fracasso. Não há registros de que Trump tenha dito algo positivo ou negativo a respeito da queda do Muro de Berlim. De qualquer modo, a impressão que temos é a de que tudo isso aconteceu há muito tempo. Os Estados Unidos acabavam de eleger um homem que admira o modo como se faz política na Rússia e sua campanha chegara até a se beneficiar da ajuda de Moscou. Os russos aceitariam minha confirmação tardia? Certamente aceitariam.

O que se seguiu foi um curso relâmpago sobre como ver o mundo de uma maneira muito diferente. Como continuo sendo um estudante de história, apesar de, espero, mais cético a esta altura, fiquei chocado com a frequência com que meus anfitriões russos mencionavam com admiração o Congresso de Viena, uma conferência realizada entre 1814 e 1815 que selou o fim das guerras napoleônicas, dando início a quase um século de uma estabilidade que só foi encerrada pela eclosão da Primeira Guerra Mundial. A nova ordem foi garantida pela Quádrupla Aliança, cujos membros eram Grã-Bretanha, Áustria, Prússia e, sobretudo, Rússia. A vitória de Trump abrira a perspectiva de que a Rússia pudesse retomar seu papel histórico de grande potência num mundo policêntrico — um mundo onde cada uma dessas potências renunciava alegremente a fazer qualquer coisa que pudesse desestabilizar a legitimidade interna das demais. Nada de falar sobre a inevitabilidade da democracia ou sobre a ordem mundial liderada pelos EUA. Isso era o que Putin desejava. Quanto à Crimeia, que ele havia anexado em 2014, gerando uma teia de aranha de sanções norte-americanas, sua reabsorção pela pátria-mãe era agora inevitável. A Crimeia estava apenas retornando ao seu status pré-1954, quando Moscou, num ataque de generosidade administrativa, transferiu-a para a então República Soviética da Ucrânia. John Kerry, então secretário de Estado do presidente Obama, condenara a anexação da Crimeia pela Rússia, realizada contra a agora independente Ucrânia, como uma violação da história: «No século XXI, não é possível se comportar à maneira do século XIX, invadindo outro país sob um pretexto completamente forjado», disse ele. Mas é assim que o mundo frequentemente funciona. Os EUA tinham feito o mesmo com o Iraque no século XXI. Do ponto de vista de Moscou, a história está de volta e nada é inevitável, sobretudo a democracia liberal. Outros — em Pequim, Ancara, Cairo, Caracas e até mesmo em Budapeste — compartilham a hostilidade russa às noções ocidentais de progresso, assim como o fazem em crescente número alguns apóstatas no Ocidente. Estariam eles equivocados?

Este livro é minha tentativa de responder a essa questão. De saída, declaro que nada está preordenado. Para uma pessoa cuja vida coincidiu com a ascensão da democracia, a disseminação das economias de mercado e com os sinais de que o mundo finalmente havia aderido à Declaração Universal dos Direitos Humanos (mesmo que muito disso fosse feito apenas da boca para fora, a hipocrisia, como se diz, é o elogio que o vício faz à virtude), o simples fato de fazer essa pergunta já é algo perturbador. O debate não tinha sido encerrado há muito tempo? A marcha da liberdade humana não era imparável? O mundo todo não deseja tornar-se ocidental? Não podemos mais ter nenhuma confiança nisso tudo. Foi incrivelmente arrogante acreditarmos que o resto do mundo adotaria passivamente nosso roteiro. Aqueles que ainda acreditam no triunfo inevitável do modelo ocidental deveriam se perguntar se o que alimenta sua visão de mundo não é a fé, em lugar dos fatos. Devemos lançar um olhar cético sobre aquilo que aprendemos a nunca questionar. Nossa sanidade talvez seja testada durante esse processo.

O que está em jogo é uma leitura quase religiosa da história ocidental que regride até a Magna Carta, cujo aniversário de oitocentos anos foi celebrado em Runnymede, em 2015. Ao limitar o poder do rei, a Magna Carta estabeleceu o precedente para o que seria mais tarde conhecido como «nenhuma taxação sem representação». Esse curto documento medieval perdeu-se nas brumas por centenas de anos — Shakespeare nem sequer o menciona em sua peça *Vida e Morte do Rei João*. No entanto, desde o século XVII, quando teve a poeira que a recobria removida primeiro pelos oponentes da tirania Stuart na Inglaterra, chegando mais tarde às trezes colônias da América, a Magna Carta se transformou no mito fundador do liberalismo ocidental. Como afirma Dan Jones, um historiador da Magna Carta, 1215 é visto hoje como o «ano zero» do liberalismo ocidental.[3] Ela foi

---

3 Dan Jones, *Magna Carta: the birth of Liberty*. Nova York: Viking, 2015, p. 4

citada como inspiração pelos Pais Fundadores dos Estados Unidos, pelo movimento anticolonial no mundo todo e agora finalmente é celebrada na própria Grã-Bretanha. Quando a Declaração Universal dos Direitos Humanos foi proclamada, após a Segunda Guerra Mundial, Eleanor Roosevelt afirmou que ela «poderia muito bem tornar-se a Magna Carta internacional para todos os homens, em todos os lugares». Que esse pacto entre João e seus nobres rebeldes tenha durado apenas dois meses, conferido privilégios à aristocracia e limitado os direitos das mulheres e dos judeus é algo que nos deveria fazer pensar. Em lugar de um trampolim para a liberdade, a Magna Carta foi um desordenado arranjo de conveniência entre um rei temporariamente enfraquecido e seus inquietos nobres, e que rapidamente expirou. Que ela seja tão valorizada hoje em dia — uma cópia repousa ao lado da Declaração de Independência no Arquivo Nacional em Washington — dá a medida de nossa amnésia. Se a base intelectual do liberalismo ocidental é o ceticismo, temos de aprender a estar à altura do que ele significa.

Devemos desconfiar especialmente do canto de sereia da história. Como afirmou George Santayana: «Quem não é capaz de recordar o passado está condenado a repeti-lo». A ideia da história como uma força em separado, com mente própria, é um conto da carochinha para nos ajudar a dormir. «A história como contingência é mais do que o espírito humano pode suportar», disse o falecido economista norte-americano Robert Heilbroner. Durante séculos, os ocidentais tiveram uma visão linear da história, na qual o tempo está sempre avançando em direção a um lugar melhor. O gregos chamavam isso de teleologia. Para os cristão, tratava-se da Segunda vinda de Cristo e do Dia do Juízo; para os marxistas, da ditadura do proletariado seguida do desaparecimento do Estado. Para os nacionalistas europeus, tratava-se de assumir o controle do destino de seu *Volk*, povo. Para os liberais das eras vitoriana e georgiana em ambos os lados do Atlântico, bem como para seus herdeiros modernos por todo o Ocidente, era o progresso da liberdade humana em direção à liberdade individual. Em 1989, a maior parte das pessoas acreditava nesta última versão. As demais estavam mortas ou em retirada. Hoje, apenas o marxismo permanece adormecido. A crença numa versão autoritária do destino nacional está voltando com força. O liberalismo ocidental encontra-se cercado.

Além disso, visões não europeias da história, obscurecidas pelo domínio colonial, mas nunca esquecidas, voltam a clamar sua relevância. Ainda que de maneiras muito diferentes, a China e a Índia tradicionalmente mantiveram uma visão circular da história, e ainda mantêm. As condições materiais podem melhorar, mas a condição moral da humanidade é constante. Não existe um desfecho espiritual ou político em direção ao qual a história esteja nos guiando. Para o resto do mundo, quase nove décimos da humanidade, entre os quais a maioria está finalmente alcançando o bem-estar material do Ocidente, o progresso moral da humanidade é uma questão que nunca poderá ser resolvida. A história não termina. Ela é uma repetição eterna de tolices e correções. Consequentemente, não há um modelo único de organização da sociedade. Quem, além dos que possuem a fé da religião, pode afirmar que esse ponto de vista estaria errado?

Mas a ameaça mais mortífera para a ideia ocidental de progresso vem de dentro. Donald Trump e seus equivalentes na Europa não causaram a crise do liberalismo democrático. Eles são um sintoma. Isso pode ser difícil de engolir, especialmente para os liberais americanos, cuja visão de mundo foi abalada pela vitória de Trump mas que, ainda assim, mantêm a fé de que as coisas vão terminar bem. Muitos se consolam pensando que a eleição de Trump foi um acidente causado pelo derradeiro suspiro da maioria branca da América, instigada por Putin. Que a história retomará seu curso normal após uma breve interrupção. Como eu gostaria que eles estivessem certos! Mas temo que não estejam. Desde a virada do milênio e, sobretudo, na última década, nada menos do que 25 democracias fracassaram em todo o mundo, três delas na Europa (Rússia, Turquia e Hungria). Com exceção da Tunísia, em toda parte a primavera árabe foi engolida pelo calor do verão. O deus ocidental da democracia estaria fracassando? «Saber se isso é uma correção de mercado da democracia ou uma depressão global permanece ainda uma questão em aberto», disse-me Francis Fukuyama.[4] A reação

---

4 Entrevista com o autor, janeiro de 2017.

das classes médias do Ocidente, as maiores perdedoras numa economia global que converge rapidamente, mas que ainda tem décadas pela frente, vem sendo gestada desde o início da década de 1990. Na Grã-Bretanha, chamamos essas pessoas de «os deixados para trás». Na França, eles são as *couches moyennes*. Nos EUA, são «a classe média espremida». Um termo melhor é «precariado» — aqueles cujas vidas são dominadas pela insegurança econômica. Seu peso em números está crescendo, bem como sua impaciência. O sociólogo americano Barrington Moore afirmou: «Sem burguesia, nada de democracia». Nos anos que vêm pela frente, saberemos se ele estava certo.

Este livro se divide em quatro partes. A primeira, «Fusão», explica a integração da economia global e o impacto radical que ela está exercendo sobre as economias ocidentais. Segundo qualquer medida, a humanidade está rapidamente se tornando menos pobre. No Ocidente, no entanto, algo entre metade e dois terços da população encontra-se em dificuldade há pelo menos uma geração, e dezenas de milhões de pessoas dessa parte do mundo lutarão para manter a cabeça acima do nível da água nas próximas décadas. A difusão da automação, incluindo a inteligência artificial e remota, chamada por alguns de quarta Revolução Industrial, ainda está em sua fase inicial, bem como aquilo que o jornalista americano Fareed Zakaria chamou de «ascensão do resto».[5] A emergência da China é o evento mais dramático da história da economia. Vivemos em uma era de convergência tão dramática quanto a era de divergência criada pelo colonialismo europeu e pela Revolução Industrial. A pressão descendente sobre a renda das classes médias do Ocidente no futuro próximo será implacável.

A segunda parte, «Reação», explica a consequente degeneração da política no Ocidente. Somos ensinados a acreditar que nossas democracias são sustentadas por valores; nossa fé na história alimenta esse mito. Mas o sustentáculo mais forte da democracia é o crescimento econômico. Quando grupos lutam pelos frutos do crescimento, as regras do jogo político são mantidas com relativa facilidade. Quando aqueles frutos desaparecem, ou são monopolizados por alguns poucos afortunados, a coisa fica feia. A história deveria ter nos ensinado essa lição. Os perdedores buscam bodes expiatórios, a política de administrar os grupos de interesse se transforma numa batalha de soma zero por recursos decrescentes. O passado também nos diz para ficarmos atentos ao Ocidente em tempos de desigualdade crescente e acentuada; isso raramente termina bem.

A terceira parte, «Precipitação», explora as implicações do declínio dos EUA — e do Ocidente. Apesar de os EUA continuarem sendo a maior potência militar do planeta, e a mais

---

5 Fareed Zakaria, *O mundo pós-americano*. Trad. Pedro Maia Soares. São Paulo: Companhia das Letras, 2009.

inovadora tecnologicamente, os norte-americanos estão perdendo a confiança em seu sistema. Donald Trump oferece uma cura pior do que a doença. Além disso, a Europa está se voltando para dentro. Como afirma Henry Kissinger, «os Estados Unidos, caso separados da Europa em política, economia e defesa, viriam a se transformar geopoliticamente numa ilha na costa da Eurásia».[6] Meu argumento é o de que o caos é um cenário muito mais provável do que a China assumir o lugar dos Estados Unidos.

A parte final, «Meia-vida», pergunta o que deve ser feito. Se você, como eu, dá valor à liberdade individual, então deveria querer preservar o tipo de sociedade que permite que ela floresça. A crença de que havíamos descartado os velhos preconceitos era parte da narrativa do «fim da história». Desse modo, esquecemos o que foi necessário para contê-los. O que mudou foi a confiança da população na ideia de estarmos todos no mesmo barco, incluindo as elites. Esse referendo invisível é a essência do contrato social ocidental. O liberalismo identitário — uma política que trata a sociedade como algo menor do que a soma de suas partes — é parcialmente culpado por isso. Ele ajudou a alimentar a reação de comunidades majoritariamente brancas que agora tomam emprestadas as táticas da política de minorias. Não podemos progredir sem termos clareza do que deu errado. A menos que os vacilantes

---

6 Henry Kissinger, *A Ordem Mundial*. Trad. Cláudio Figueiredo. São Paulo: Objetiva, 2015.

establishments ocidentais entendam o que os atinge, eles têm poucas chances de salvar o liberalismo de si mesmo.

Um aviso de saúde: jornalistas têm o hábito de rotular as coisas, um traço que compartilham com os historiadores. Enquanto estes últimos se ocupam de rotular o passado — a era do vapor, a ascensão do Ocidente, o nascimento da modernidade, e assim por diante —, os jornalistas o fazem sem parar para pensar; é da natureza do negócio. Nós nos lisonjeamos dizendo que apresentamos o primeiro rascunho da história. Portanto, minha profissão está sujeita a superinterpretar o último grande acontecimento. Além disso, temos o irritante hábito de retrospectivamente considerar inevitável aquilo que no momento não conseguimos prever: estava fadado a acontecer desde o princípio. Eu mesmo fui culpado disso. À medida que lê estas páginas, por favor, tenha em mente que o Brexit não estava fadado a acontecer. Convocar aquele referendo foi uma aposta imprudente de um primeiro-ministra britânica instintivamente tático. Tampouco a vitória de Trump foi inevitável. Se 77 mil votos do Meio-Oeste tivessem ido para o outro partido, Hillary Clinton hoje seria presidente. Mas isso funciona para ambos os lados. Se Marine Le Pen perder as eleições presidenciais na França e Angela Merkel continuar no poder na Alemanha, ou mesmo se Martin Schulz, líder do spd, assumir em seu lugar, a crise do liberalismo ocidental não terá subitamente chegado ao fim, apesar de minhas suspeitas de que muitos de nós noticiaríamos os acontecimentos dessa forma. Foi desconcertante ouvir muitas pessoas interpretarem a derrota de Norbert Hofer nas eleições presidenciais austríacas em dezembro[7] como uma derrota do populismo. Hofer teve quase 47% dos votos. Se a derrota apertada de um nacionalista de direita significa a ruptura da onda populista, qual seria a imagem de alguém surfando-a? O futuro dos Estados Unidos, a propósito, tampouco estaria seguro se Hillary Clinton estivesse agora na Casa Branca. A crise do Ocidente é real, estrutural e tende a persistir. Nada é inevitável. Está em nossas mãos consertar um pouco do que aflige o Ocidente, e fazê-lo exigiria saber exatamente como chegamos a este ponto. Exigiria também um esforço consciente para observar o mundo de um ponto de vista pouco familiar e admitir que o Ocidente não possui o monopólio da verdade ou da virtude. Neste livro, dou o meu melhor para evitar as armadilhas do meu emprego diário e para abordar as grandes forças que estão subvertendo o nosso mundo: o urgente cederá lugar ao muito importante — ou, ao menos, esse é meu objetivo. Assim, proponho um pacto com o leitor: se você aceitar por seu valor de face o bem que ofereço aqui, tentarei resgatá-lo. Meu palpite é que isso lhe custará cerca de três horas.

---

7 De 2016. (N.T.)

Parte um

Fusão

... a mais imperiosa de todas as necessidades, a de não afundar no mundo.
Alexis de Tocqueville[1]

Por volta de janeiro de 2017, houve uma troca de guarda na economia global. O local foi Davos, a reunião anual dos mais ricos recicladores do senso comum do mundo — e sempre um dos últimos lugares a antecipar o que vai acontecer a seguir. Dessa vez, foi diferente. Os magnatas de fundos de investimento, executivos do Vale do Silício, gurus da administração e representantes de governo ali reunidos receberam uma amostra do quão rapidamente o mundo está prestes a mudar. O presidente da China, Xi Jinping, foi aos Alpes suíços defender o sistema de comércio global contra os ataques do então recém-eleito presidente dos Estados Unidos, Donald Trump. Com um mínimo de fanfarra, o líder da maior economia em desenvolvimento do mundo assumiu o papel de defender o sistema de comércio global dos gritos de guerra vindos da nação mais desenvolvida do mundo. Isso

---

1 Alexis de Tocqueville, *A Democracia na América. Livro II: Sentimentos e Opiniões.* Trad. Eduardo Brandão. São Paulo: Martins Fontes, 2004.

representou a abertura de uma nova era, uma era na qual a China aspirava a ser um cidadão global respeitável. Os vilões estavam trocando de lugar com os mocinhos. «Algumas pessoas culpam a globalização econômica pelo caos mundial», disse Xi em Davos. «Não devemos recuar em direção ao porto sempre que encontramos uma tempestade, ou nunca chegaremos a outra costa… Ninguém emergirá como vencedor de uma guerra comercial.»

Após mais de setenta anos de globalização liderada pelos EUA, a declaração de Xi como guardião global no lar espiritual do capitalismo foi um «momento Alice no País das Maravilhas». No entanto, a inversão de papéis — a troca de sentinelas da economia global — havia sido amplamente prevista. Deixem de lado as projeções mais recentes. No remoto ano de 1902, quando as ruínas imperiais da China haviam sido havia muito recolhidas pelos EUA e pelas potências europeias, o historiador britânico John Hobson antecipou o dia em que uma China ressurgente viraria a mesa. A antevisão de Hobson merece ser saboreada: «A China, passando mais rapidamente do que outras ‹raças inferiores› pelo período de dependência da ciência e do capital ocidentais, e rapidamente assimilando o que eles têm a dar, pode restabelecer sua independência econômica, encontrando em seus próprios recursos o capital e as habilidades organizacionais necessários para as indústrias de maquinário e… pode rapidamente lançar-se no mercado mundial como o maior e mais eficiente competidor, tomando para si em primeiro lugar o comércio da Ásia e do Pacífico, inundando em seguida os mercados abertos do Ocidente e empurrando seus mercados fechados a uma proteção cada vez mais rigorosa».[2]

Apesar de ter algo de Nostradamus, nem mesmo Hobson anteviu a velocidade com que a China lograria isso. Em 1978, o país mal passava de um erro de arredondamento estatístico, com menos de 1% do comércio global; em 2013, ela atingiu a primeira posição do comércio mundial, com quase um quarto dos fluxos de comércio globais.[3]

Ainda na virada do século XXI, os EUA respondiam por uma parcela do comércio mundial quase três vezes maior do que a da China. Nada nessa escala ou velocidade havia sido testemunhado na história. E, no entanto, ainda há muito chão por percorrer. O retorno da China — e das outras quinze economias não ocidentais que mais crescem no mundo, incluindo a Indonésia, a Tailândia e a Índia, que juntas respondem por metade da população mundial — está reconfigurando dramaticamente as estruturas mundiais de poder. Durante a minha vida, as classes médias dos países emergentes saíram praticamente do zero e chegaram ao ponto de ultrapassarem as classes médias tradicionais do Ocidente como o motor do crescimento mundial. Desde 1970, a renda per capita asiática

---

2 John A. Hobson, *Imperialism: A Study*. Nova York: James Pott & Company, 1902, p. 333.

3 Jamil Anderlini e Lucy Hornby, «China overtakes US as world's largest goods trader», *Financial Times*, 10 jan. 2014.

aumentou cinco vezes.[4] Até mesmo na África, o continente com o pior desempenho mundial, as rendas quase dobraram. Enquanto isso, a renda média do Ocidente mal se alterou nos últimos cinquenta anos. Em partes da Ásia, como Singapura e Coreia do Sul, as rendas se igualaram às do Ocidente ou as ultrapassaram. Em outros lugares, sobretudo na Índia, elas ainda permanecem menos de um décimo da média ocidental. Mas a direção é clara. Se você desenhar um mapa da economia global, o centro de gravidade no século XX estaria em algum ponto no meio do Atlântico, segundo o economista Danny Quah, de Singapura. Esse ponto moveu-se para o Oriente, em direção ao Irã.[5] Ao longo das próximas décadas, ele irá se fixar em algum lugar entre a China e a Índia, no Himalaia.

Do meio do Atlântico ao teto do mundo em cinquenta anos — nossa geração assiste a uma recriação.[6] E, no entanto, isso irá apenas restaurar o peso relativo que a China teve durante a maior parte da história da humanidade.

---

4 Branko Milanovic, *Global Inequality, a New Approach for the Age of Globalization*. Cambridge: Belknap Press, 2016.

5 Danny Quah, «The Global Economy's Shifting Center of Gravity», *Global Policy*, 2:1, jan. 2011.

6 Jogo de palavras com o livro de memórias do secretário de Estado norte-americano Dean Acheson, *Presente na Criação*, cujo título faz referência à sua participação na criação do sistema de instituições internacionais que regulou a economia e a política internacional após 1945. (N. T.)

Durante aproximadamente sete séculos, entre 1100, pouco depois da invasão dos normandos, e 1800, quando a Revolução Industrial decolou, a China respondeu por cerca de um quarto da economia global — e por uma parcela ainda maior de sua produção estimada. Segundo uma estimativa histórica recente, em 1750 a China e a Índia produziam três quartos das manufaturas do mundo. Às vésperas da Primeira Guerra Mundial, sua participação havia caído para 7,5%.[7] Os historiadores econômicos chamaram esse período de «Era da Divergência». Grande parte — talvez em demasia — do declínio do Oriente foi atribuído aos efeitos da exploração colonial. A Companhia das Índias Orientais britânica, por exemplo, aboliu a produção de produtos têxteis na Índia, que era líder mundial. A seda indiana foi substituída pelo algodão de Lancashire. A porcelana chinesa foi substituída pela europeia. Ambas sofreram com aquilo que os britânicos vieram a chamar de «Preferências Imperiais», que forçou-as a exportar matérias-primas de baixo valor à Grã-Bretanha e a importar produtos manufaturados mais caros, mantendo-as assim em permanente déficit. Não havia nada de *livre* nesse comércio, sob qualquer acepção da palavra. No caso da China, cada uma das potências ocidentais arrancou concessões que permitiram fazer com ela mais ou menos o mesmo que os britânicos faziam com a Índia — mas sem guarnições espalhadas por todo o país. O impacto foi similar. Uma vez mais, Hobson

---

7 Milanovic, *Global Inequality*.

captura perfeitamente a situação: «[Os] investidores e administradores de negócios do Ocidente parecem ter encontrado na China uma mina de força de trabalho... tão enorme e vasta a ponto de abrir a possibilidade de elevar populações brancas inteiras no Ocidente à posição de «cavalheiros independentes»».[8]

O debate sobre a dívida moral que o Ocidente possui com suas antigas colônias é, com frequência, demasiado desequilibrado. Aqueles que apontam para a extração de riqueza indiana feita pela Grã-Bretanha tendem a perder de vista o impacto das reformas sociais que, pela primeira vez, deram às desafortunadas castas inferiores da Índia a oportunidade de ler e escrever, ou que protegeram as viúvas das castas superiores da instituição da *sati*, segundo a qual elas deveriam lançar-se na pira funerária de seus maridos. Não existe um ábaco moral que possa calcular os prós e contras de cada caso de colonialismo. No caso da escravidão, não é necessário nenhum debate. O tráfico de escravizados africanos foi um crime contra a humanidade, no qual os EUA e a Grã-Bretanha desempenharam papéis de destaque. Mas o sucesso econômico da Europa foi impulsionado principalmente pela superioridade tecnológica, e não por um surto imoral de pilhagem.

Das Guerras do Ópio da década de 1840 até a Revolução Comunista de 1949, o século de humilhação imposto à China ainda incomoda — e, sob alguns aspectos, esse ressentimento histórico parece estar se aprofundando.

---

8 Hobson, *Imperialism*, p. 339.

No entanto, o fato de a Revolução Industrial ter acontecido na Europa e não na Ásia teve um papel mais importante no declínio da China do que as sórdidas histórias de exploração ocidental. Não se tratou tanto do escoamento das riquezas da China e da Índia — ainda que isso também tenha acontecido — quanto de sua rápida superação pelo maquinário mais desenvolvido do Ocidente. A exploração tardia da Ásia não teria sido possível sem que o Ocidente tivesse desenvolvido a energia a vapor, a tecnologia militar avançada, as novas técnicas financeiras e as modernas técnicas organizacionais. Esses foram os principais motores. Em 1820, a Grã-Bretanha tinha uma renda per capita de $ 2 mil em valores atuais, renda que subiu a $ 5 mil às vésperas da Primeira Guerra Mundial. No mesmo período, a renda da China caiu de $ 600 por pessoa para $ 550, enquanto a da Índia subiu de $ 600 para $ 700.[9] Em termos absolutos, as condições econômicas da Ásia mal se moveram. Em termos relativos, a Ásia passou por uma fortíssima contração. Da mesma maneira que nada na história se compara à Grande Convergência que ocorre hoje, não havia precedentes para a ascensão vertiginosa do Ocidente que lançou a Grande Divergência há dois séculos.

A modernidade nasceu no Ocidente. Pergunte a um ocidental educado hoje por que foi a sua parte do mundo que escreveu as regras da Era Moderna e não outro continente qualquer, e ele provavelmente lhe falará da

---

9   Milanovic, *Global Inequality*.

Revolução Científica europeia, do Iluminismo e, possivelmente, da Renascença. Isso tudo não deixaria de ser verdade, mas a história é mais complicada do que as histórias que aprendemos na escola. O que a maioria provavelmente não saberia é o quanto as faíscas necessárias à Revolução Industrial vieram da tecnologia chinesa. Entre outras técnicas e invenções, a Europa se apropriou de uma produção de ferro e aço muito superior; da imprensa, de ferramentas de navegação (incluindo a bússola), da pólvora e do papel-moeda da China. Do Islã, a Europa tomou a matemática binária (originalmente vinda da Índia), a astronomia, as partidas dobradas na contabilidade e muito de seu próprio conhecimento esquecido a respeito da Grécia e de Roma. «[Muito] do Renascimento Europeu esteve baseado em ideias, instituições e tecnologia tomadas de empréstimo das civilizações avançadas do Oriente Médio e do Extremo Oriente», nota Richard Baldwin, cujo livro sobre a atual «Grande Convergência» é merecidamente aclamado.[10] A mudança de poder do mundo islâmico para o cristão na Baixa Idade Média foi, por sua vez, facilitada pelo avanço destrutivo das hordas mongóis de Genghis Khan rumo ao Oeste no século XIII. Além de outras exportações mais benignas, os mongóis trouxeram a peste negra, que dizimou entre um terço e metade da população da Europa em três anos. Aqui, igualmente, o

---

10 Richard Baldwin *The Great Convergence — Information Technology and the new Globalization*. Cambridge (Mass.): Belknap Press, 2016.

impacto foi complexo. Sendo uma civilização mais urbanizada, o mundo islâmico sofreu um destino ainda pior nas mãos da peste bubônica, já que sua população encontrava-se mais concentrada e, portanto, mais exposta do que a europeia. Seria possível dizer que os mongóis melhoraram dramaticamente os termos de troca europeus. A história da globalização escrita por Jeffrey Garten — *From Silk to Silicon* — narra o último milênio por meio de dez biografias. Seu livro, que termina com Steve Jobs, começa com Genghis Khan. O impacto deste último é bastante adequado para iniciar sua história.

O que a história nos ensina a esperar da ressurgência da China nos próximos anos? «Se nos fixamos no longo prazo», escreve Hugh White, o principal sinólogo da Austrália, «a ascensão da China e da Índia hoje é menos uma revolução do que uma restauração — uma volta à normalidade após dois séculos de interlúdio».[11] Durante a década de 1990 e o princípio da de 2000, os responsáveis pelas políticas norte-americanas debatiam exaustivamente como responder à ascensão chinesa. Ninguém sabia ao certo se a China se transformaria num aliado ou num adversário dos EUA. Washington optou por uma estratégia de cobrir suas posições, aceitando a autoproclamada «ascensão pacífica» da China ao mesmo tempo que resguardava a opção de passar à contenção caso as coisas desandassem. O que

---

11 Hugh White, *The China Choice: Why We Should Share Power*. Oxford: Oxford University Press, 2012.

nunca esteve em discussão é que os EUA farão o que for necessário para preservar sua primazia na região da Ásia e do Pacífico. A visão dominante nos EUA durante a década de 1990 foi a de que a interdependência econômica entre a China e o resto do mundo reduziria o risco de guerra ao aumentar seu custo. Além disso, a economia chinesa era simplesmente grande demais para ser excluída. Ao defender a entrada chinesa na Organização Mundial do Comércio (OMC), o então presidente dos EUA Bill Clinton afirmou que a globalização era «o equivalente econômico de uma força da natureza, como o vento ou a água». Ademais, argumentou que a entrada da China reduziria o déficit comercial bilateral dos EUA ao vincular o país asiático a tarifas alfandegárias mais baixas sobre suas importações. Após a entrada da China na OMC, em 2001, o déficit comercial dos Estados Unidos com aquele país aumentou quase cinco vezes. Em retrospecto, está claro que Pequim possuía uma compreensão melhor da dinâmica da economia global do que Washington.

A China beneficiou-se de sua entrada no clube mais do que poderia sonhar. Agora se oferece para ser seu líder de torcida. A permanência do sistema de comércio global como um sistema aberto dependerá das ações das democracias ocidentais, cada vez mais reativas. Xi Jinping e seus pares podem apostar no apoio de seus maiores investidores estrangeiros: as companhias multinacionais que moveram enormes fatias de suas cadeias globais de produção para a China e para outras partes da Ásia. No mundo de hoje, a maior parte do comércio transfronteiriço é representado pelo movimento intrafirma de bens não processados. O iPhone da Apple é produzido em nove países diferentes. Já que o objetivo é capturar a tecnologia ocidental, aumentar tarifas de importação não faz sentido para os países em desenvolvimento, pois elas provavelmente recairão sobre bens intermediários, movendo-se de uma parte a outra da cadeia de fornecimento. Baldwin chama esse processo de desagrupamento produtivo de um mundo fracionado. Ele é muito diferente do velho modelo fabril em que todos os componentes de um produto eram feitos num único lugar. Os melhores aliados de Xi são, portanto, os CEOs que foram ouvi-lo em Davos. Todos temem a ira de uma classe média ocidental alienada.

Os economistas são famosos por sua capacidade de fazer previsões completamente furadas sobre o futuro (assim como são imbatíveis em explicar o passado). A piada é que eles previram dez das últimas cinco recessões. Nos últimos tempos, durante o que agora chamamos de era da hiperglobalização, as previsões equivocadas erraram na direção contrária. Os economistas repetidamente previram um crescimento que não ocorreu. Especialmente desde a crise financeira global de 2008, as previsões superestimaram ano após ano o crescimento do ano seguinte. A maneira mais rápida de verificar isso é folhear cada uma das estimativas da publicação *Davos Forum's Global Economic Outlook*[12]

---

12 O site do *Global Economic* possui uma ampla base de dados cobrindo vários anos, com os relatórios

dos últimos oito anos. Mas, se você dá um passo atrás, as tendências de longo prazo são inconfundíveis. A China pode muito bem ter de lidar com a sua própria recessão nos próximos anos (sou capaz de prever que os jornalistas ocidentais imediatamente anunciariam a morte do milagre chinês). De fato, Pequim deveria ter causado uma recessão a esta altura, dados os elevados níveis de dívida interna do país. Em algum ponto, ela terá de liquidar seus empréstimos podres. Mas o Politburo da China claramente teme a reação interna que uma recessão possa causar. Eles optaram, portanto, por um crescimento mais lento, preferindo deixar o ar escapar do balão em lugar de estourá-lo.

Seja qual for sua sorte no curto prazo, a China continuará a avançar em direção ao Ocidente nas próximas décadas. Em termos de paridade de poder de compra — medida pelo que você pode comprar na moeda local —, a economia chinesa ultrapassou a dos EUA em 2014.[13] Em mais ou menos uma década, a China deve ultrapassar os EUA em medidores mais convencionais que tomam o dólar como parâmetro. Em 2050, um século após sua revolução comunista, a economia chinesa

---

e seções de cada fórum. Para o ano de 2016, ver: <https://www.weforum.org/events/world-economic-forum-annual-meeting-2016/sessions/the-global-economic-outlook-1d2286ef-25a9-47cf-bba-6-56fc8ef98004 >.

13 Chris Giles, «China poised to pass the US as leading economic power this year», *Financial Times*, 30 abr. 2014.

provavelmente será o dobro da americana e maior do que todas as economias ocidentais juntas. Um século de restauração terá se seguido ao século de humilhação. Àquela altura, a economia da Índia deverá ser, aproximadamente, igual à dos EUA. A questão deste livro é saber se o estilo de vida ocidental, bem como nossos sistemas liberal-democráticos, será capaz de sobreviver a essa mudança dramática no poder global. A resposta não está completamente em nossas mãos, mas, até agora, nossa reação só tem ajudado a acelerar essa transformação. A vitória de Donald Trump cristaliza o fracasso do Ocidente em aceitar a realidade com que se depara.

Em algum momento durante a crise financeira global de 2008, o consenso de Washington definhou. Na verdade, desde 2003 o homem que cunhou esse termo na década de 1980, John Williamson, já dizia que essa bola dava «sinais de que iria murchar».[14] O Consenso de Washington prescrevia sistemas abertos de comércio, livre movimentação de capitais e disciplina monetária por parte dos bancos centrais. Os países que engoliram essa receita sofreram terrivelmente: o México na crise de 1995, a Ásia em 1997, Brasil, Rússia e outras nações no fim da década de 1990. A Organização para a Cooperação e Desenvolvimento Econômico, prestigioso

---

14 John Williamson, «From reformist agenda to damaged brand name — a short history of the Washington Consensus and what to do next», *Finance and Development*, 40:3, set. 2003.

clube ocidental criado para distribuir a ajuda norte-americana do Plano Marshall para a devastada Europa do pós-guerra, fez da liberalização da conta de capitais uma precondição para o país que quisesse se tornar membro da organização. Todos queriam se juntar à OCDE por causa de seu prestígio e das melhores avaliações de crédito que isso acarretava. A Coreia do Sul e o México liberalizaram sua conta de capital para se juntarem à organização no começo da década de 1990. O efeito desestabilizador da entrada de um grande volume de capital que inundou essas economias e logo depois foi retirado foi quase instantâneo. Desde então, a maior parte dos países escolheu o caminho mais pragmático estabelecido pela China, que promoveu uma abertura lenta e em seus próprios termos. A rota heterodoxa da China para o desenvolvimento expôs os limites do Consenso de Washington, que partia do princípio de que havia apenas uma maneira de fazer as coisas, e de que o resto do mundo teria poucas opções a não ser adotá-la. A China é simplesmente grande demais e importante demais no cômputo geral do mundo para ser pressionada. Outros países em desenvolvimento seguiram a deixa chinesa. Se você quiser dar um nome a esse processo, pode chamá-lo de «Consenso de Pequim».

Nós ainda chamamos de recessão global a derrocada que se seguiu à quebra do Lehman Brothers, mas isso é um erro. Tratou-se de uma recessão atlântica. Em 2009, a economia chinesa cresceu quase 10%, e a indiana, quase 8%.

As economias ocidentais encolheram. Como costuma acontecer, nossas maneiras de pensar o mundo acabam sendo ultrapassadas pela realidade. O exemplo mais importante disso é a maneira como pensamos o crescimento econômico no Ocidente. Ainda medimos nossa riqueza por meio de números agregados. Mas as médias são inúteis. Como o economista da Universidade de Cornell Robert H. Frank aponta, na média cada um de nós possui 1,9 perna, já que algumas pessoas têm apenas uma.[15] Do mesmo modo, se Mark Zuckerberg entra no time de futebol do seu bairro, cada membro é, na média, bilionário.

Sob o modelo antigo, em que a maior parte da produção estava concentrada em barreiras nacionais, o que era bom para a General Motors era bom para os Estados Unidos. A cifra anual de produto interno bruto era tão importante para os consumidores americanos da GM quanto para a empresa. Se a economia crescesse 5%, havia uma grande chance de o resultado final da montadora de automóveis ter crescido uma quantia parecida. O crescimento da renda mediana dos EUA estava alinhado ao crescimento do PIB. Em grande medida, o mesmo poderia ser dito na Grã-Bretanha a respeito da ICI ou da Rolls-Royce. No mundo de hoje, esse é um modo ultrapassado de medir o crescimento. Desde 2009, a economia norte-americana cresceu aproximadamente 2% ao

---

15 Robert H. Frank, *Success and Luck: Good Fortune and The Myth of the Meritocracy*. Nova Jersey: Princeton University Press, 2016, p. 71.

ano. Mesmo assim, somente em 2015 a renda média retomou o nível que desfrutava antes da Grande Recessão. Talvez «desfrutava» seja a palavra errada. A renda mediana em 2007 estava abaixo do que era em 2002, no começo do ciclo econômico que se manteve pela maior parte da presidência de George W. Bush. O que é bom para a Apple pode não ser bom para os Estados Unidos. A empresa fechou sua última unidade de produção no país em 2004. A expansão da era Bush foi a primeira na história na qual a renda da classe média era menor em seu fim do que em seu início. Hoje, a renda mediana dos EUA ainda se encontra abaixo do nível em que estava no começo do século. Claramente, o que o americano médio entende por crescimento é bastante diferente do que os macroeconomistas entendem por crescimento. Os números do PIB insistem que o país está indo bem num momento em que metade dos americanos sofre com recessões pessoais.

O gráfico mais informativo do mundo é o Gráfico do Elefante. Criado por Branko Milanovic, um ex-funcionário do Banco Mundial, esse paquiderme estatístico possui muitas virtudes. Intuitivo e simples, ele nos diz basicamente tudo o que precisamos saber sobre a era da alta globalização, desde a queda do Muro de Berlim. O gráfico mostra a distribuição de mais de duas décadas de crescimento entre diferentes percentis da economia global. A mediana global — a classe média emergente da China, Vietnã, Índia e assim por diante — teve um crescimento em sua renda superior a 80% nesses anos. Mesmo os decis inferiores, na África e Sul da Ásia, tiveram crescimento de até 50%. A parte-chave do elefante para as classes médias ocidentais é onde a tromba se curva para baixo — entre o 75º e o 90º percentil da população mundial, que respondem pela maior parte da população do Ocidente. Em seu ponto médio, sua renda cresceu um total de 1% nas três últimas décadas. O gráfico original terminava em 2008. Nesse curto período desde a recessão «global», a renda urbana chinesa já havia dobrado. A volumosa silhueta do elefante inclui somente alguns países em desenvolvimento. Muitas outras regiões, incluindo a maior parte da África, Bangladesh, Ásia Central e extremos da América do Sul ainda não contribuíram de forma perceptível para o volume do elefante. Sua absorção é questão de tempo. Do mesmo modo que os investimentos ocidentais ajudaram a trazer a China para o sistema global, os investimentos chineses estão fazendo algo semelhante pela África e por outras partes do mundo. À medida que os salários chineses aumentam, sua demanda por mão de obra mais barata cresce. É uma história que o trabalhador ocidental conhece dolorosamente bem. As perspectivas de longo prazo para o padrão de vida ocidental são perturbadoras. «Se esta onda de globalização está freando o crescimento da renda das classes médias dos países ricos, qual será o resultado da próxima onda, envolvendo países ainda mais pobres e populosos, como Bangladesh, Burma e Etiópia?», pergunta-se Milanovic.[16]

A última parte do elefante é a ponta de sua tromba, que aponta para o alto, numa adequada postura de celebração. Esse é o 1% mais rico do globo. Sua renda saltou mais de dois terços durante o mesmo período. Mas, como mostra Milanovic, a análise isolada desse dado pode nos dar uma ideia muito suavizada do que esse 1% — que, em sua maioria, ainda se encontra no Ocidente — andou ceifando desde o início da Grande Convergência. Sua parcela da economia global é de 15,7%. Mas, se medimos seu patrimônio líquido e fornecemos estimativas razoáveis do que eles fizeram desaparecer em cantos ocultos, como nos paraísos fiscais offshore no Caribe e em outros lugares, sua parcela salta para quase um terço da riqueza global. Quanto mais nos aproximamos do focinho, maior o crescimento. O subconjunto mais rico — os 1.426 indivíduos mais abonados do planeta — detém $ 5,4 trilhões, aproximadamente o dobro de toda a economia britânica e mais do que os ativos combinados dos 250 milhões de americanos mais pobres. O valor dos ativos dos maiores bilionários do mundo aumentou cinco vezes desde 1988. O que poderia ser feito com todo esse dinheiro é uma brincadeira que todos nós gostamos de fazer: «Imagine que você

---

16 Milanovic, *Global Inequality*. O livro de Milanovic é seminal, e encorajo qualquer interessado no futuro da globalização a lê-lo. Utilizei amplamente suas estatísticas.

tenha herdado $ 1 milhão, ou $ 1 bilhão, e que gaste $ 1 mil por dia. No primeiro caso, levaria menos de três anos para a sua herança se esgotar; no segundo, mais de 2.700 anos (ou seja, mais do que o tempo que nos separa da *Ilíada* de Homero)», afirma Milanovic acerca do grupo dos mais ricos. Enquanto isso, entre um quarto e um terço das pessoas no Ocidente possui uma renda líquida nula ou negativa. Sua perspectiva é uma aposentadoria precária. Como costumo dizer, se você quer um gráfico econômico que lhe impeça de dormir, comece com o elefante.

Agora, lembre-se do que veio antes do elefante, aquilo que agora chamamos de era de ouro do crescimento da classe média ocidental, entre o fim da década de 1940 e o início da década de 1970; aquilo que os franceses chamam de *les Trente Glorieuses* de rendas ascendentes para a maior parte da sociedade. Os ganhos anuais eram quase metronômicos. E, então, algo deu errado. Esse algo pode ser corrigido, dizemos a nós mesmos. Um passo em falso qualquer e o Ocidente saiu da escada rolante natural que garantia um crescimento da renda anual de 2% ou 3%, que praticamente dobrava nosso padrão de vida a cada geração, ou em até menos tempo. Acreditávamos que, no fim de nossas vidas, nossos filhos estariam três ou quatro vezes mais ricos do que nós. Por alguns poucos momentos, por exemplo durante o *boom* da internet da década de 1990, aquela era parecia ter retornado. Mas o crescimento desapareceu quase tão rapidamente quanto havia chegado. Ainda estamos esperando os ganhos de produtividade resultantes da economia digital que nos prometeram. Com exceção da maior parte da década de 1990, o crescimento da produtividade nunca voltou aos índices das décadas do pós-guerra. «É possível ver a era dos computadores por toda parte, exceto nas estatística de produtividade», afirmou Robert Solow, vencedor do Prêmio Nobel de Economia. O bilionário do Vale do Silício Peter Thiel, que causou polêmica ao apoiar Donald Trump, colocou a questão de forma mais vívida: «Nós queríamos carros voadores, em lugar disso o que tivemos foram 140 caracteres [Twitter]». Isso pode estar prestes a mudar, com a aceleração da revolução na robótica e a difusão da inteligência artificial. Mas devemos ter cuidado com o que desejamos. O aperto já está desconfortável o suficiente.

Eu estou chegando perto dos cinquenta. Minha geração — os nascidos na segunda metade da década de 1960 e na de 1970 — ficou no meio da transição dos anos dourados para o «novo normal», apesar de não termos nos dado conta disso até chegarmos aos trinta. Crescemos com as elevadas ambições de nossos pais, mas com uma esperança minguante de que elas viriam a se concretizar. O mesmo vale ainda mais para as nossas reduzidas perspectivas de aposentadoria. Para sermos claros: o crescente mau humor do Ocidente está ligado à psicologia das expectativas frustradas, e não ao declínio do conforto material. Há alguns anos, um cartum na revista *New Yorker* capturou a essência de como nos sentimos. Nele, uma mãe chinesa apontava o dedo para o jantar que sua filha deixara no prato: «Coma seu arroz, Han Ling, você não sabe que há crianças passando fome na Virgínia Ocidental?». Ainda assim, a maior parte dos ocidentais de qualquer faixa etária e em quase qualquer grupo de renda ainda está consideravelmente melhor do que a maioria de seus equivalentes na China, na Índia e em outras faixas do mundo emergente, apesar de essas diferenças estarem se estreitando. (A renda per capita urbana da China está próxima da metade da renda per capita dos EUA. Uma geração atrás, ela era um sexto da americana.)[17] Nós também somos inimaginavelmente mais afortunados do que qualquer geração que nos precedeu. A rainha Victoria teria inveja da assistência médica que está disponível gratuitamente até para os cidadãos britânicos mais excluídos socialmente. Andrew Carnegie ficaria maravilhado com a biblioteca eletrônica que está a apenas uma impressão digital de praticamente todos os americanos, com exceção dos mais desconectados.

Estaríamos simplesmente imaginando nossos infortúnios? Não. O problema da renda média do Ocidente é real e vem se aprofundando. O efeito mais devastador é a estagnação. O preço de muitas das ferramentas da vida moderna está cada vez mais fora do alcance da maioria das pessoas. Robert H. Frank monitora uma coisa chamada «Índice da Labuta» — o número de horas de trabalho necessárias para que o trabalhador médio consiga pagar o aluguel médio em uma grande cidade dos Estados

---

17 Ibid.

Unidos. Em 1950, eram necessárias 45 horas de trabalho por mês. Uma geração mais tarde, o número havia subido para 56 horas. Hoje, são necessárias 101 horas.[18] A mesma inacessibilidade crescente se aplica aos custos de um plano de saúde decente nos Estados Unidos e à educação superior. Se 1985 é igual a cem, então o preço da maioria das coisas, como comida, bens eletrônicos, roupas básicas ou um carro, caiu para dois dígitos, e em alguns casos, para ainda menos. Esses são os produtos que você encontra nas prateleiras do Walmart. Por outro lado, o custo de um diploma ou de um plano de saúde com cobertura razoável foi catapultado para além de seiscentos.[19] A inflação nos EUA tem girado em torno de 1% há anos. E, no entanto, o custo dos serviços que capacitam as pessoas a sobreviverem e seus filhos a prosperarem tem tido um crescimento anual na casa dos dois dígitos. A inflação é outro número ultrapassado que já não significa grande coisa para o cidadão médio do Ocidente. Ela deixou de capturar o que as pessoas mais valorizam. Sem uma boa assistência médica e sem acesso àquilo que pode fazê-lo adquirir as habilidades cognitivas necessárias para conseguir um bom emprego amanhã, suas chances na vida estão seriamente prejudicadas. Isso não é fruto da imaginação frustrada das pessoas, mas algo que muitos, talvez a maioria, dos cidadãos do Ocidente vivem diariamente.

---

18 Frank, *Success and Luck*, p. 114

19 Esses números são frequentemente citados em público por Lawrence H. Summers.

Os custos crescentes para a aquisição de capital social são a razão pela qual tantos estão tão pessimistas a respeito das perspectivas de futuro de seus filhos.

Quando as pessoas perdem a fé no futuro, é menos provável que invistam no presente. A sensação de estagnação pessoal — e o medo corrosivo de que se possa estar até mesmo afundando — lança uma enervante sombra sobre o espírito humano. Ronald Reagan disse certa vez: «O progresso é o nosso produto mais importante». Ele falava da General Electric, para quem havia trabalhado. Mas também se referia aos Estados Unidos. Escrevendo na década de 1950, o grande sociólogo norte-americano Daniel Bell afirmou que «o crescimento econômico tornou-se a religião secular das sociedades industriais avançadas». Ele tinha razão. Segue-se que, em sua ausência, muitas pessoas caem em algo que equivale ao ateísmo. Essa sensação de apatia aparece sob muitas formas. No mercado de trabalho, ela significa taxas decrescentes de partição no mercado de trabalho. Assim como o desejo de culto decai em sociedades agnósticas, a vontade de trabalhar declina em economias estagnadas. Na última década, a parcela de pessoas em empregos de tempo integral nos EUA caiu a níveis europeus, o que costumava ser ridicularizado como uma consequência esclerótica do excesso de regulação nos mercados de trabalho do continente. Agora, a taxa dos EUA está pareada à média europeia, e, sob alguns aspectos, até pior. Atualmente, a proporção de trabalhadores do sexo masculino em empregos de tempo integral na França é superior à dos EUA — uma estatística que mostra o quanto os Estados Unidos estão mal, e não o quanto a França está bem.[20]

A epidemia de opioides é outro sinal amarelo. O pai da sociologia moderna, Émile Durkheim, afirmou que, quando as sociedades atingem uma ruptura civilizacional, a taxa de suicídios dispara. As mortes causadas por overdoses de drogas triplicaram desde o ano 2000: a epidemia de opioides e de heroína rivaliza agora com o pico do HIV. Algumas das mortes são acidentais, outras deliberadas: você pode escolher seu culpado. A heroína vem do México. Os analgésico, do seu médico de família. O crescimento da epidemia está ligado à rápida disseminação de analgésicos prescritos. A incidência de dor aguda não quadruplicou nos EUA desde o fim da década de 1990; no entanto, o volume de receitas de analgésicos, sim. As vendas de OxyContin, o opioide mais forte que existe no mercado, dispararam de $ 45 milhões em 1995 para $ 3,1 bilhões em 2015.[21] A epidemia é uma das razões da queda na expectativa de vida nos EUA nos últimos anos,[22] algo que não deveria ocorrer em tempos de paz. Outros sintomas da estagnação

---

20 *Financial Times*, 20 jun. 2016, e Edward Luce, «US workforce dropouts explain Donald Trump's rise», *Financial Times*, 21 jun. 2016.

21 Edward Luce, «Drugs, Painkillers and the New Hampshire Primary», *Financial Times*, 7 fev. 2016.

22 Anne Case e Angus Deaton «Raising Morbidity and Mortality in Midlife among White Non-Hispanic Americans in the 21st Century», *Proceedings of the*

incluem a queda na tolerância de pontos de vista diferentes e um ânimo cada vez menor para se unir a grupos sociais. «Acredito que a crescente intolerância e falta de civilidade, bem como a erosão da generosidade e da abertura que marcaram importantes aspectos da sociedade americana no passado recente foram, em grande parte, uma consequência da estagnação do padrão de vida da classe média», escreve Ben Friedman, no livro *As consequências morais do crescimento econômico*.[23] Tocqueville falava com admiração do «temperamento irrequieto» dos EUA. Hoje, em uma sociedade onde os americanos estão cada vez mais «jogando boliche sozinhos», como diz Robert Putnam, o grande cronista francês poderia ser compelido a falar de um «temperamento impaciente». O grande teórico da economia de livre-comércio, Adam Smith, é reverenciado por sua obra *A riqueza das nações*. Sua outra obra, *A teoria dos sentimentos morais*, encontra-se, em grande medida, esquecida. No entanto, ela é a mais importante das duas. Nela, Smith expõe a razão pela qual o capitalismo funciona melhor em sociedades onde o nível de confiança entre seus participantes é elevado. Quando a confiança social cai, o custo de fazer negócios sobe. Mesmo no

---

National Academy of Science of the United States of America, 112:49, 2015.

23 Benjamin M. Friedman, *The Moral Consequences of Economic Growth*. Nova York: Vintage, 2006. [Ed. bras.: As consequências morais do crescimento econômico. Trad. Renato Bittencourt. Rio de Janeiro: Record, 2009.]

fim do século XVIII, na aurora do crescimento moderno, Smith captou a importância psicológica da fé em um futuro melhor. Quando a confiança se esvai, muito mais coisa vai junto com ela. «É no estado progressivo, enquanto a sociedade está avançando em direção a aquisições futuras, e não quando ela já adquiriu a totalidade de suas riquezas, que a condição dos trabalhadores pobres, da grande massa do povo, parece ser a mais feliz e confortável», escreveu Smith.[24]

Quando o crescimento econômico desacelera, a sociedade perde o ritmo. Isso pode parecer contraintuitivo numa era de conectividade instantânea. Mas nos enganamos ao pensar que a frequência com que postamos no Facebook, tuitamos ou nos comunicamos no Snapchat equivale a ações relevantes. Possuir centenas de amigos no Facebook não substitui encontrar as pessoas. As sociedades ocidentais estão envelhecendo em um ritmo constante. A idade média nos EUA é agora de 39 anos, em comparação com 27 na Índia, por exemplo; no Reino Unido, ela é de 40 anos.[25] Durante os anos do «baby boom», que terminaram em 1964, as pessoas tendiam a ter famílias maiores, como acontece hoje com a maioria da classe média emergente na Ásia e em outras partes. Uma sociedade em processo de envelhecimento é menos empreendedora. Os norte-americanos

---

24 Adam Smith, *A riqueza das nações*, Livro I, 1776.

25 Central Intelligence Agency, *The World Factbook 2016. Washington, DC:* Central Intelligence Agency, 2016.

atuais têm uma probabilidade muito menor de se mudarem de um estado para outro do que seus pais. A migração interestadual caiu mais de 50% desde seu pico, nas décadas do pós-guerra. Sociedades mais velhas também têm menor probabilidade de abrir seus próprios negócios. A taxa de *startups* nos EUA vem caindo há anos e está começando a rivalizar com o ritmo menos empreendedor da Europa. A taxa per capita de pedidos de patentes triádicas (aquelas protocoladas nos EUA, Europa e Japão, o que filtra os mais frívolos) caiu um quarto desde 2000.[26]

As unidades que crescem mais rapidamente nas grandes empresas do Ocidente são os departamentos jurídico e de relações públicas. As grandes companhias dedicam o grosso de seu faturamento para resgatar ações e aumentar o pagamento de dividendos. Seus investimentos em pesquisa e desenvolvimento não se comparam aos do passado. O futuro sai perdendo. Tyler Cowen — que, dentre os economistas que conheço, talvez seja o que pensa mais lateralmente — fala da ascensão da «classe complacente» americana: o avanço de uma mentalidade avessa ao risco e conformista. Em uma suposta era de hiperindividualismo, a excentricidade é penalizada. As pessoas que buscam um emprego são analisadas por programas de computador antes de terem a chance de mostrar seus rostos. Algoritmos de

---

26 Tyler Cowen, *The Complacent Class — The Self-Defeating Quest for the American Dream*. Nova York: St. Martin's Press, 2017, p. 82.

relacionamento fazem o mesmo com nossas vidas afetivas. Cowen detecta conformismo até mesmo nas mais intensas companhias do Vale do Silício. A maior parte de seus habitantes vestem uma variação do uniforme casual *hipster*, todos retiram cuidadosamente lascas de pintura das paredes de seus escritórios e enchem seus locais de trabalho com os mesmos pufes multicoloridos. «Estamos usando a aceleração na transmissão das informações para desacelerar as mudanças em nosso mundo físico», escreve Cowen. «A maior parte dos americanos [hoje] não gosta muito de mudanças, a menos que seja algo que possam administrar e controlar.»[27] O mesmo se aplica, e muito, à Europa. Os maiores «portadores ideológicos» da nova complacência são os *millennials*, diz ele. Daí se conclui que eles são, portanto, a geração menos raivosa da sociedade. A despeito de terem crescido em circunstâncias relativamente difíceis, os ocidentais nascidos desde 1981 não sofrem das mesmas expectativas infladas de seus pais. Os *millennials* cresceram com algo que o restante de nós pode ser forçado a aprender nos anos futuros.

Esses são os custos, tanto materiais quanto psicológicos, que pagamos pela estagnação. A outra grande crise da economia política ocidental é a crescente desigualdade de renda. O Ocidente está sofrendo uma polarização aguda. A história nos ensina que a desigualdade dispara quando as sociedades se desenvolvem. Isso é o que diz também a teoria

---

27 Ibid, p. 12.

econômica. Durante o século XIX, a desigualdade nos EUA e na Grã-Bretanha chegou a alturas vertiginosas à medida que os proprietários da nova riqueza — as estradas de ferro, linhas marítimas, siderúrgicas e indústrias de maquinário — colheram os benefícios de novos e vastos monopólios. Foi também uma era de fermentação. Apesar de as diferenças de riqueza atingirem níveis quase bíblicos na era dos «barões saqueadores», as pessoas estavam em mudança. Os trabalhadores agrícolas britânicos foram quase todos arrancados do campo e passaram ao trabalho nas fábricas. Os trabalhadores rurais empobrecidos dos EUA estenderam a fronteira para o Oeste, e europeus de todas as nacionalidades atravessaram o Atlântico em busca de uma vida melhor. A Europa tinha gente demais e pouca terra. Os EUA sofriam do desequilíbrio contrário. Entre 1880 e 1890, durante uma das depressões periódicas do Ocidente, mais de 2% da população da Itália, Suécia, Alemanha, Irlanda e Grã-Bretanha fizeram a travessia para os Estados Unidos.[28] O peso bruto do movimento da Era Vitoriana tardia só foi rivalizado pelas migrações internas que convulsionaram a China, a Índia e outras partes do mundo nas últimas décadas. Desenraizamento é o que acontece quando as sociedades reinventam os meios de produção; as pessoas vão para onde o dinheiro está.

Tanto a história quanto a teoria nos diziam que as desigualdades crescentes criadas pela industrialização seriam seguidas por intensas

---

28 Milanovic, *Global Inequality*.

forças de equalização, à medida que as sociedades se tornassem mais ricas. Na recém-criada Alemanha, Otto von Bismarck estabeleceu o primeiro sistema de seguridade social do mundo para as classes trabalhadoras, no fim do século XIX. A Grã-Bretanha seguiu o exemplo com Lloyd George, no início do século XX. Os EUA distribuíram pequenos lotes para os primeiros a chegarem na febril marcha para o Oeste que se seguiu à Guerra Civil. Se, em lugar disso, os EUA tivessem escolhido leiloar a terra a quem pagasse mais, sem dividi-la, o país teria uma economia de *plantation*, ao estilo da América Latina. Os barões das estradas de ferro teriam abocanhado a maior parte das terras e as converteriam em vastas propriedades rurais.[29] Os Estados Unidos também fizeram concessões de terras públicas para a criação de novas universidades por todo o imenso território que se abria. Cada um dos grandes países ocidentais fez a opção consciente de difundir habilidades e bens entre os pobres de suas sociedades. Pela primeira vez na história, os governos estenderam a educação pública, aumentando o tempo mínimo de escolaridade à medida que o relógio das fábricas suplantava o dia na fazenda como medida de tempo da nova era. A «era dourada» foi um período espetacular de nova riqueza e também um tempo de melhorias deliberadas para as massas, que

---

29 Stephen S. Cohen e J. Bradford DeLong, *Concrete Economics: The Hamilton Approach to Economic Growth and Policy*. Boston: Harvard Business Review Press, 2016, p. 10.

deixaram de ser iletradas. Como a China e a Índia estão descobrindo, a ascensão da alfabetização em massa muda tudo. Apesar de os Rowntrees e dos Carnegies terem se tornado mais ricos do que Deus, seus trabalhadores sabiam ler e escrever. Andrew Carnegie gastou grande parte de sua fortuna construindo bibliotecas pelos EUA e na Escócia, sua terra natal. Talvez ele tenha ido um pouco longe demais. Um cartum de jornal satiriza uma conversa entre Carnegie e seu mordomo a respeito de um mendigo. «Não pauperize ainda mais o pobre», diz o magnata. «Dê a ele uma biblioteca.»

As décadas de ouro do pós-guerra corroboraram a teoria da queda da desigualdade. No entanto, nos últimos trinta anos esse processo engatou a marcha a ré. Durante aquelas décadas, a divisão do bolo econômico entre capital e trabalho era de aproximadamente 70:30.[30] A parcela do capital — os fluxos compostos de retornos sobre ativos financeiros em lugar de salários — aumentaram desde então a níveis inéditos desde os dias do *Grande Gatsby*. A distância entre a remuneração do executivo-chefe médio e a de seus empregados, que era dez vezes maior no fim da década de 1970, passou a ser aproximadamente quatrocentas vezes maior.[31] A Europa assistiu a variados graus de crescimento da desigualdade, com a Grã-Bretanha e a Espanha registrando o crescimento mais acelerado do coeficiente de Gini — a medida da desigualdade — e a Alemanha e

---

30 Milanovic, *Global Inequality*.
31 Frank, *Success and Luck,* p. 51

a Escandinávia o menos acelerado. Mas todos têm se movido na mesma direção. Em contraste com a era industrial, no entanto, a desigualdade de hoje é acompanhada pelo desaparecimento da mobilidade. Não se trata apenas de as pessoas ficarem fisicamente no mesmo lugar. A probabilidade de que fiquem presas na mesma faixa de renda também é maior. Os Estados Unidos em particular, que tradicionalmente apresentavam a maior mobilidade de classe dos países ocidentais, têm agora a menor. Hoje em dia, é mais raro um americano pobre tornar-se rico do que um britânico, o que quer dizer que o sonho americano tem ainda menos chances de se concretizar na América do que em outros lugares.[32] A sociedade meritocrática cedeu lugar a uma meritocracia hereditária. Os filhos dos ricos têm uma probabilidade acachapante de continuarem ricos. Em lugar de agitação, temos paralisia. Grande parte das suas chances na vida são definidas até os seus cinco anos de idade: «[Se] você quiser ser inteligente e cheio de energia, o passo mais importante a ser dado é escolher os pais certos», diz Robert Frank.[33] Infelizmente, no Ocidente de hoje, gente demais anda escolhendo os pais errados.

---

32 Raj Chetty, David Grusky, Maximilian Hell, Nathaniel Hendren, Robert Manduca, Jimmy Narang, «The Fading American Dream: Trends in Absolute Income Mobility Since 1940», National Bureau for Economic Research Working Paper nº 22910, dez. 2016.

33 Frank, *Success and Luck*, p. 8.

O que está contido em uma única palavra? No caso de uma palavra com uma carga moral tão pesada quanto a de «meritocracia», a resposta é: muita coisa. Um meritocrata atribui seu sucesso a seu esforço e talento. A sorte não teve nada a ver com isso — ao menos é o que ele diz a si mesmo, e sai partilhando essa visão de mundo com quem vê pela frente, incluindo aqueles que foram lentos ou preguiçosos demais para seguirem seu exemplo. As coisas se complicam quando alguém contesta isso aí. Agora, amplie esse cenário para uma nação de 324 milhões de pessoas, uma nação que se orgulha de ser uma terra de oportunidades. Imagine que algo entre metade e dois terços das pessoas, dependendo de como a questão é formulada, discordam dessa afirmação. Elas acreditam que as divisões no sistema perpetuam a si mesmas; antes não pensavam assim. Imagine também que os meritocratas estão encantados demais com suas justas recompensas para perceberem essa mudança no cenário. Cedo ou tarde, algo irá acontecer. Exagero? Cerca de um terço dos «candidatos herdeiros» — aqueles cujos pais também frequentaram a mesma universidade — é aceito em Harvard. Richard Reeves, da Brookings Institution, chama-os de «acumuladores de sonhos».[34] Julgados por suas aptidões, quase metade das pessoas nos dois quintos

---

34 Richard Reeves, *Dream Hoarders: How the American Upper Middle Class Is Leaving Everyone Else in the Dust, Why That Is a Problem, and What to Do About It*. Washington, DC: Brookings Institution Press, 2016).

superiores do espectro de renda estão lá devido à sorte da origem familiar. Pense no valor daqueles estágios não remunerados e dos contatos familiares. Pense no impacto que aqueles tutores caríssimo nos fins de semana tiveram sobre suas chances. Uma boa parte das pessoas na quinta parte inferior do espectro estaria no topo se tivesse tido as mesmas oportunidades na vida. De acordo com um estudo de Harvard, há mais alunos frequentando as universidades de elite dos EUA oriundos do 1% superior do espectro de renda do que dos 60% da parte inferior do mesmo espectro.[35] Cerca de um em cada quatro dos norte-americanos mais ricos estudou em uma universidade de elite, comparado a menos de 0,5% da quinta parte inferior do espectro de renda. De longe, o maior determinante é o berço em que você nasceu. Por que razão os perdedores não estariam com raiva?

Há mais deles do que antes. Em 2000, exatamente um terço dos norte-americanos descrevia a si mesmo como sendo de classe baixa, de acordo com o Gallup. Em 2015, esse número havia subido para quase metade.[36] Longe de desaparecer, como esperávamos que aconteceria, a classe trabalhadora está crescendo aos saltos, segundo a própria percepção das pessoas. Sob muitos aspectos, esses estudos que medem a autoidentificação são muito mais

---

35 «Some Colleges Have More Students From the Top 1 Percent Than the Bottom 60 percent», *New York Times,* 17 jan. 2017.

36 Frank Newport, «Fewer Americans Identify as Middle Class», *Gallup,* 28 abr. 2015.

importantes do que as estatísticas «duras» sobre renda mediana ou desigualdade de renda. Eles expressam a sensação que as pessoas têm de serem excluídas da sociedade. É um estado de espírito muito não americano. Como acontece com a maioria dessas tendências, a deriva do Ocidente para o pessimismo foi mais radical na terra do otimismo. Michael Young, o sociólogo britânico que cunhou o termo «meritocracia» em seu livro *A ascensão da meritocracia* (1958), iria se sentir justificado. Apesar de a palavra ter perdido a ironia, a intenção de Young era que ela fosse uma sátira sobre a classe dirigente imaginária do futuro. Elites meritocráticas podem ser «insuportavelmente presunçosas», disse ele em 2001, numa crítica ao mau uso que o primeiro-ministro Tony Blair fez da palavra.[37] Os demais, enquanto isso, «podem facilmente se sentir desmoralizados ao serem menosprezados de maneira tão dolorosa por pessoas que tiveram sucesso sozinhas». Young previu que essa sociedade meritocrática iria ruir sob o peso de suas próprias contradições por volta de 2033. As coisas podem estar caminhando para um desfecho mais rápido ainda. Não é de espantar, portanto, que o tom de nossos políticos tenha mudado de forma tão acentuada da esperança para a nostalgia.[38]

---

37 Michael Young, «Down with Meritocracy», *Guardian*, 28 jun. 2001.

38 Elaboro essa questão em um artigo intitulado «The end of American meritocracy», *Financial Times*, 8 maio 2016.

Diferentemente do que aconteceu no início da Revolução Industrial, os pobres de hoje não estão sendo expulsos intencionalmente. Ao contrário, eles estão saindo porque suas casas estão se tornado caras demais, vítimas de uma gentrificação crescente, aquilo que o cineasta norte-americano Spike Lee chama de «a porra da síndrome de Cristóvão Colombo».[39] Nos EUA, eles chamam isso de «fuga branca invertida»,[40] porque os filhos da classe média alta dos subúrbios tomam de volta os centros das cidades que seus pais e avós abandonaram no pós-guerra. O termo «gentrificação» foi cunhado pela acadêmica britânica Ruth Glass, comentando uma versão anterior dessa tendência que ocorria na Londres da década de 1960. Hoje, nenhum bairro de Londres possui uma população majoritariamente da classe trabalhadora. Atualmente, a maioria dos pobres da Grã-Bretanha vive nas periferias

---

39 Joe Coscarelli, «Spike Lee's amazing rant against gentrification: <We been here>», *New York Magazine*, 25 fev. 2014.

40 «Fuga branca» (*white flight*) foi o processo de mudança em massa dos centros das cidades para os subúrbios realizada pela classe média norte-americana nas década de 1950 e, sobretudo, 1960, após os conflitos raciais que deixaram diversos mortos e feridos em vários centros urbanos do país. (N. T.)

empobrecidas,[41] e não nas cidades.[42] Isso está criando um novo tipo de pobreza, com os pobres cada vez mais empurrados para fora de nosso campo de visão. Essa segregação física corresponde à bifurcação do mercado de trabalho. Ricos e pobres já não moram próximos uns dos outros, e a classe média está desaparecendo. Em 1970, apenas uma em sete famílias norte-americanas vivia em bairros claramente «ricos» ou «pobres».[43] Em 2007, esse número havia aumentado para quase uma em três. «No fim das contas, a crise suburbana reflete o fim da era do crescimento barato», afirma Richard Florida, um importante estudioso da revitalização urbana.[44] A expansão urbana[45] já não significa crescimento, como acontecia nos EUA, mas sim isolamento. Não deveria causar surpresa, portanto, que a taxa de homicídios tenha caído 16,7% nas cidades norte-americanas desde a virada do século, ao passo que

---

41 O autor emprega um neologismo, «*slumburbia*», uma contração de «*slum*» (favela, cortiço) e «*suburbia*» (periferias, subúrbios). (N. T.)

42 Richard Florida, *The New Urban Crisis: How Our Cities Are Increasing Inequality, Deepening Segregation, and Failing the Middle Class — and What We Can Do About It*. Nova York: Basic Books, 2016, p. 132.

43 Ibid.

44 Ibid., p. 191

45 Em inglês, «*sprawl*», termo que denota o crescimento dos subúrbios compostos de casas independentes com jardins, cada vez mais distantes dos centros das cidades. (N. T.)

aumentou 16,9% nos subúrbios, formando uma imagem espelhada quase perfeita.[46] As periferias empobrecidas («*slumburbia*») também criaram uma nova forma de pobreza: a quantidade de tempo que as pessoas têm de passar em seus carros dirigindo de um emprego de meio período para o outro. Quanto mais tempo gasto no trânsito, maior a probabilidade de sofrer de hipertensão, diabetes, estresse e obesidade. Passar muito tempo no carro é ruim para sua expectativa de vida. E, como vimos, pode tornar sua visão da política um tanto quanto caótica.

As metrópoles ocidentais atravessam um grande processo de renascimento. Elas são as cidades globais e os centros de conhecimento que têm mais aspectos em comum com outras metrópoles internacionais do que com o interior de seus próprios países. Os que duvidavam disso receberam uma lição em 2016, quando quase dois terços de Londres votaram para permanecer na União Europeia enquanto o resto da Inglaterra e o País de Gales discordavam dessa posição. A despeito de abrigar menos de uma em cada sete pessoas que residem na Grã-Bretanha, Londres responde por quase um terço de seu produto interno bruto. De maneira similar, cada um dos 493 condados mais ricos dos Estados Unidos — quase todos urbanos — votou em Hillary Clinton.[47] Os 2.623

---

46 Florida, *The New Urban Crisis*, p. 159.
47 Mark Muro e Sifan Liu, «Another Clinton-Trump divide: High-output America vs low-output America», *Brookings*, 29 nov. 2016.

condados restantes, a maioria suburbanos ou de cidades pequenas, foram para Donald Trump. O fosso entre as cidades do Ocidente e o resto talvez seja a manifestação mais pura das novas divisões. Hoje em dia, Chicago, assim como Londres, suga os melhores talentos do interior do Meio-Oeste, onde a virada a favor de Trump foi mais forte. No passado, Chicago agia como uma locomotiva local, comprando os produtos agrícolas e outras commodities brutas do Meio-Oeste e transformando-os em produtos finais. A cidade estava ligada à sua geografia circundante e vice-versa. Agora, ela praticamente flutua acima do interior; sob alguns aspectos, ela também o parasita.[48]

Assim como Londres funciona como um aspirador de pó gigantesco sugando os talentos do Reino Unido, Chicago agora absorve os melhores talentos das cidades pequenas dos Estados Unidos e os conecta à economia global. O sucesso da cidade já não é simbiótico com o de seus vizinhos rurais, mas acontece às suas custas. Como Londres, a antiga classe média de Chicago também sente cada vez mais dificuldade para acompanhar os custos crescentes. À medida que os mais educados se mudam para as cidades globais, os menos qualificados se veem excluídos. As novas cidades globais surgidas fora do Ocidente, como Dubai, resolvem esse problema importando trabalhadores

---

[48] Tomei emprestada essa iluminadora ideia do ensaio de Richard C. Longworth chamado «On Global Cities» (Chicago Council on Global Affairs, 21 maio 2005).

de países mais pobres e dando a eles vistos de trabalho que podem ser anulados num curto período. As cidades ocidentais, como Londres e Chicago, não podem se dar esse luxo. Em 2011, o então prefeito de Londres, Boris Johnson, viu o lado negativo da situação quando as periferias da capital entraram num surto de destruição que durou dias a fio, quebrando lojas e queimando carros, saqueando o que não podiam ter. Cinco anos depois, os britânicos que ficaram para trás vetaram os interesses econômicos de Londres no referendo sobre o Brexit. Para os perdedores econômicos do Ocidente, cidades como Londres e Chicago não são ímãs, mas estrelas da morte.

Uma das ironias das pujantes cidades do Ocidente é o quanto seus habitantes mais afortunados dizem apoiar a visão de mundo progressista. Não poderíamos esperar uma elite melhor. No entanto, os efeitos do modo como eles gastam seu dinheiro não são nada progressistas. Apesar de toda a ênfase que colocamos em nossas cidades multiculturais, elas são o resumo de nossa realidade oligárquica. Nos EUA, quanto mais liberal[49] a política de uma cidade, maior a taxa de desigualdade.[50] Os exemplos mais gritantes, como São Francisco e Nova York, são satanizados pelos conservadores como sendo cidadelas de extrema esquerda. O prefeito de Nova York, Bill de Blasio, foi

---

49 Nos Estados Unidos, «liberais» são os progressistas de esquerda. (N. T.)

50 As conclusões vêm do livro *The New Urban Crisis*, de Richard Florida.

eleito após criticar esse «conto de duas cidades». No entanto, ele praticamente não teve impacto sobre tal clivagem econômica. Os esforços de De Blasio até agora ilustram como é difícil nadar contra a corrente econômica. Ele ofereceu isenções fiscais e outros benefícios a novos edifícios de luxo caso estes dedicassem parte de seus espaços a unidades mais baratas para a população de baixa renda. O primeiro desses projetos, na Lincoln Square, em Manhattan, foi construído com uma entrada separada para seus habitantes dos andares inferiores, a qual foi rapidamente apelidada de «porta dos pobres».[51] Apesar de a construtora ter embolsado as isenções fiscais, os moradores ricos preferiram manter um sistema de *apartheid* social. Além de serem forçados a entrar por uma porta separada, os moradores das unidades de baixa renda também tiveram seu acesso negado à academia de ginástica, à piscina e a outras conveniências. Em São Francisco, uma fábrica de ideias para as políticas sociais mais liberais dos Estados Unidos, seis em cada dez domicílios valem mais de $ 1 milhão. Como afirma Richard Florida, «nos EUA, seu CEP é cada vez mais o seu destino». Será interessante ver se Sadik Khan, eleito prefeito de Londres com uma plataforma inclusiva poucas semanas antes do referendo do Brexit, terá melhor sorte do que Bill de Blasio. As chances, no entanto, estão contra ele.

....

51 Melkorka Licea, «‹Poor door› tenants of luxury tower reveal the financial apartheid within», *New York Post,* 17 jan. 2016.

O mercado de trabalho oferece um instantâneo da crescente desigualdade. A área que mais cresce para os trabalhadores não especializados é a indústria de segurança — seguranças particulares, polícia e outras profissões uniformizadas que mantêm seguros os bairros ricos. A porção da força de trabalho empregada nessa indústria, que também inclui agentes penitenciários, cresceu em quase um terço desde a década de 1990.[52] Nos Estados Unidos, o crescimento foi ainda maior. As cidades ocidentais são também onde os bilionários do mundo escolhem deixar seus recursos. Nova York possui 116 bilionários; Londres, 51; Los Angeles, 50.[53] Muitos deles vivem lá apenas parte do tempo. À medida que os trabalhadores essenciais às cidades — os policiais mais graduados e diretores das escolas — são expulsos das cidades pelos preços crescentes, são substituídos pelos ricos cosmopolitas que dividem suas vidas entre diferentes locais. O número de apartamentos desocupados em Nova York aumentou quase três quartos na virada do século, chegando a 34 mil em 2011;[54] Londres viu um crescimento parecido. Os novos residentes consolidam seus ganhos restringindo o uso do solo, o que mantém os valores elevados. Richard Florida chama-os de «novos luditas urbanos», que exploram «uma enorme e complexa massa de leis de zoneamento e outras regulamentações sobre o uso do solo» para manter os demais afastados.

---

52 Milanovic, *Global Inequality*.
53 Florida, *The New Urban Crisis*, p. 41.
54 Ibid., p. 38.

Tyler Cowen[55] cunhou um novo acrônimo para substituir *nimbys* («não no meu quintal»[56]): *bananas* («não construa absolutamente nada perto de coisa alguma»[57]).

Tamanha aversão ao risco dá lugar a seu próprio fracasso. A gentrificação criou raízes tão profundas que Richard Florida modificou sua aclamada tese sobre a ascensão das classes criativas. As cidades estão se tornando demasiado bem-sucedidas para o seu próprio bem. Até pouco tempo atrás, ele acreditava que elas seriam os motores da nova economia, acolhendo a diversidade necessária para atrair pessoas talentosas. Isso certamente aconteceu. As paradas do orgulho gay parecem maiores a cada ano que passa. Milhares de flores multiculturais estão desabrochando. E, no entanto, ao expulsar a diversidade de renda, as novas economias urbanas estão também diminuindo o espaço para as descobertas fortuitas. As cidades globais do Ocidente são como ilhas tropicais cercadas por oceanos de ressentimento. O mais recente livro de Florida chama-se *The New Urban Crisis*. Em vez de serem formadas por quem vive lá em tempo integral, o caráter de nossas maiores cidades é cada vez mais movido pelos super-ricos globais como simplesmente um lugar para eles colocarem seu dinheiro. Muitos da classe criativa estão sendo empurrados para fora. Os centros das cidades

---

55 Cowen, *The Complacent Class*, p. 7.
56 «Not in My Backyard», no original. (N. T.)
57 «Build Absolutely Nothing Anywhere Anything», no original. (N. T.)

se transformaram em «bairros-troféu mortos». O SoHo, uma antiga área boêmia de Nova York, é mais conhecido hoje em dia por suas butiques caras do que pelos ateliês de artistas. Toda grande cidade hoje em dia tem um SoHo. «As cidades ‹superstar› e os polos de alta tecnologia se tornarão tão caros que terminarão se transformando em condomínios fechados», prevê Florida.[58] «Sua chispa criativa e inovadora terminará por se apagar.» Karl Marx estava errado: são os ricos que estão perdendo sua pátria, não o proletariado. O fosso entre as cidades globais e suas âncoras nacionais já é uma metáfora de nossos tempos. Em contraste, a ascensão da economia dos robôs alojou-se apenas parcialmente em nossas expectativas. É fácil tomar algumas das conversas mais extravagantes vindas do Vale do Silício como ficção científica. Mas o hiato entre a ficção científica e a realidade está se estreitando. Os efeitos tardios da globalização abalaram a solidariedade ocidental. O futuro da inteligência artificial apresenta desafios que provavelmente serão de magnitude ainda maior.

Uma das histórias de ninar que contamos a nós mesmo é a de que a tecnologia é amiga de todos. Com o passar do tempo, as máquinas terminarão trabalhando para todos nós. É claro que grandes saltos de eficiência, como a mecanização da agricultura, causam um doloroso desenraizamento a muitas pessoas, e sabemos disso. Mas a sociedade sempre se ajusta. Assim como o cocheiro de carruagem encontrou

---

58 Florida, *The New Urban Crisis*, p. 216.

emprego numa fábrica, ou o trabalhador rural reinventou-se como assistente de escritório, a revolução digital criará novos tipos de emprego para substituir os que está destruindo. A história e a teoria econômica nos dizem isso. Então, pode voltar a dormir sossegado, existem forças do bem em ação.

Trata-se de um refrão que devemos tratar com profundo ceticismo. É possível imaginar que podemos nos unir para garantir que todos participem de um futuro hiperautomatizado. Mas há enormes buracos nesse agradável sonho. A revolução digital ainda está em sua infância, e, no entanto, já estamos jogando nossos brinquedos para fora do carrinho de bebê. Como sociedades políticas, estamos mais distante de soluções plausíveis do que quando a revolução digital começou.

Ao contrário da Revolução Industrial, a revolução digital está acontecendo em um mundo hiperdemocrático. Peter Thiel, claro, estava certo: o Twitter não se compara à invenção da imprensa, ou a carros voadores. No entanto, ele também estava errado. Vivemos num mundo onde cada pessoa insatisfeita possui na palma da mão um poder digital maior do que aquele que colocou a Apollo 14 em órbita. A Revolução Industrial foi desencadeada em sociedades não democráticas — ou, no caso dos EUA e do Reino Unido, semidemocráticas. Além disso, comprar a paz social estendendo o direito ao voto era algo que fazia sentido para as elites vitorianas. Que preço nossas elites estão dispostas a pagar desta vez?

Dada a velocidade com que a revolução digital está se espalhando, quanto antes nossos políticos acordarem para os desafios, melhor. «Vá para o Oeste, jovem», era o melhor conselho que alguém poderia receber sobre sua carreira no século XIX. O equivalente de hoje provavelmente seria «forme-se em engenharia», mas trata-se de algo que não será necessariamente tão lucrativo. Um terço dos norte-americanos que se formaram em matérias da chamada CTEM (ciências, tecnologia, engenharia e matemática) está em empregos que não exigem essas qualificações.[59] Eles ainda precisam quitar os empréstimos que fizeram para pagar a faculdade. Por toda parte nos EUA existem programadores em empregos temporários de escritório e até mesmo em cadeias de fast-food. Na era da inteligência artificial, mais e mais pessoas se tornarão obsoletas. Pelas evidências de que dispomos até agora, essa última revolução tecnológica é diferente das anteriores em sua dinâmica. Ao contrário das disrupções anteriores, que afetavam setores específicos da economia, os efeitos da revolução atual são gerais. De zeladores a cirurgiões, praticamente nenhum emprego está a salvo. Pouco importa se você está estudando para ser piloto de avião, assistente de vendas, advogado ou corretor financeiro: tecnologias poupadoras de mão de

---

59 Martin Ford, *Rise of the Robots: Technology and the Threat of a Jobless Future*. Nova York: Basic Books, 2015. [Ed. bras.: Os robôs e o futuro do emprego. Trad. Claudia Gerpe Duarte. Rio de Janeiro: Best Business, 2019.]

obra estão diminuindo o número de postos de trabalho — em alguns casos, drasticamente. Em 2000, os serviços financeiros empregavam 150 mil pessoas em Nova York. Em 2013, esse número havia caído para 100 mil. No mesmo período, os lucros de Wall Street dispararam; quase 70% de todo o comércio de ações é feito agora por algoritmos.[60]

Veja o caso das mídias sociais. Em 2006, o Google comprou o YouTube por $ 1,65 bilhão. A empresa tinha 65 funcionários, então o preço chegou a $ 25 milhões por funcionário. Em 2012, o Facebook comprou o Instagram, 13 funcionários, por $ 1 bilhão, chegando a $ 77 milhões por funcionário. Em 2014, ele comprou o WhatsApp, 55 funcionários, por $ 19 bilhões, a espantosos $ 345 milhões por funcionário.[61] Tais riquezas não servem de grande conforto aos milhares de engenheiros que não encontram emprego. Os servidores de dados do Facebook são agora administrados por Cyborg, um programa de computador. Ele necessita de um técnico humano para cada 20 mil computadores. Praticamente todo emprego que exige sentar-se diante de um monitor e manipular informação está desaparecendo, ou desaparecerá em breve. Programas conseguem agora dirigir carros e escrever trabalhos escolares. Ao canalizarem os ganhos da nova economia para umas poucas pessoas, os robôs enfraquecem também o principal motor do crescimento: a demanda da classe média.

---

60 Ibid.
61 Ibid.

À medida que os trabalhadores se tornam mais caros em relação às máquinas, o poder de consumo cai. A economia norte-americana produz mais de um terço a mais do que produzia em 1998, com uma força de trabalho do mesmo tamanho e uma população significativamente maior. Ainda faz sentido obter um título universitário; os formados ganham mais do que quem completou apenas o ensino médio. Mas seus retornos estão caindo. O salário médio para os recém-formados ingressando no mercado de trabalho dos EUA caiu de $ 52 mil em 2000 para $ 46 mil em 2014[62] e permaneceu estável para pós-graduados. A educação superior já não é de forma alguma a solução para todos os problemas. Nem toda criança é um Einstein frustrado. Algumas possuem mais aptidão para profissões especializadas.

A tecnologia é frequentemente tratada como se fosse uma força separada da globalização. Na realidade, ambas são a mesma coisa. A primeira grande fase da globalização, que ardeu em chamas na Primeira Guerra Mundial, foi impulsionada pela energia a vapor. Não teria sido lucrativo transportar bens da Ásia para a Europa em barcos à vela, ou mandar de volta os produtos processados. Eles teriam estragado ou demorado demais para dar lucro. Antes da energia a vapor, o comércio intercontinental estava limitado a um pequeno volume de cargas não perecíveis, como seda, especiarias e pessoas

---

62 Lawrence Mishel, «Entry-level workers' wages fell in lost decade», *Economic Policy Institute Report*, 7 mar. 2012.

escravizadas (grande parte da carga humana que ia da África para o Ocidente morria no caminho, mas a proporção de sobreviventes ainda tornava tais empreendimentos tragicamente lucrativos). A energia a vapor mudou tudo isso, e a revolução chegou muito mais rapidamente do que poderíamos imaginar. Em 1825, a Grã-Bretanha possuía cerca de 4 mil barcos de madeira e zero barcos a vapor. Em 1860, ela controlava 389 mil toneladas de barcos de ferro a vapor.[63] A tonelagem marítima britânica aumentou cem vezes em menos de duas gerações. Não foi por acidente que as Guerras do Ópio começaram em meio à revolução da energia a vapor. A pressão por livre comércio com a China foi impulsionada pela facilidade com que isso passou a poder ser feito. Nem é coincidência que as exportações indianas de materiais têxteis brutos dispararam na década de 1860, justamente quando o Sul escravocrata dos EUA estava fechado pela Guerra Civil. Foi só após o advento da energia a vapor que a Grã-Bretanha voltou-se de maneira decisiva contra o tráfico de escravizados. A industrialização tornou a propriedade de escravos antieconômica. O trabalho livre, em lugar do escravo, era muito mais eficiente na utilização de máquinas de colher algodão. A energia a vapor encerrou a questão, transformando também a política e a diplomacia. Thomas Jefferson demorou duas semanas para viajar da Filadélfia — então capital dos EUA — a sua fazenda em Monticello na virada do século XIX. Em 1850, a mesma

---

63 Baldwin, *The Great Convergence*.

viagem podia ser feita por trem a vapor em um dia.[64] Como se diz, a história humana é escrita com lágrimas (e com alegria, deve-se acrescentar). É verdade; e ela também é medida em tecnologia.

Quem pode afirmar que a nossa disrupção terminará de maneira diferente? Apesar de a distensão ter sido dolorosa, a Revolução Industrial terminou por elevar o padrão de vida de todos no Ocidente — e agora, de bilhões de pessoas em todo o mundo. Mas o atual debate sobre o futuro da tecnologia não está nem mesmo próximo de chegar a um consenso. Alguns economistas acreditam que o impacto futuro dos robôs e da inteligência artificial tem sido altamente exagerado. Se eles estiverem certos, isso seria uma notícia excelente para uma multidão de caminhoneiros, entregadores, motoristas de táxi e de Uber que ganham a vida dirigindo veículos. Seria também um alívio para o futuro de nossa política. Se incluímos aqueles que trabalham em tempo parcial, há mais norte-americanos e britânicos trabalhando detrás de um volante hoje do que em empregos manufatureiros.[65] Os números para a Europa continental variam muito — uma

---

64 William J. Bernstein, *The Birth of Plenty: How the Prosperity of the Modern World was Created*. Nova York: McGraw-Hill, 2004. [Ed. bras.: Uma breve história da riqueza: como foi criada a prosperidade do mundo moderno. São Paulo: Fundamento, 2015.]

65 *Occupational Outlook Handbook*, Bureau of Labor Statistics.

proporção maior de alemães, por exemplo, ainda trabalha no setor de manufaturas. Mas o impacto dos veículos sem condutor sobre a Alemanha seria dramático. Para onde quer que se olhe, a grande maioria dos motoristas são homens. Apesar de tentar evitar generalizações sobre temas de gênero, creio ser possível afirmar que os homens são menos adaptáveis à disrupção em suas rotinas de trabalho do que as mulheres, e mais propensos a expressar sua raiva de maneira política. Eu tenho um carro voador para vender a qualquer um que duvide disso. Enquanto isso, lembrem-se do impacto que a perda de empregos no setor de manufaturas teve na política do Ocidente. Bem mais da metade dos eleitores de Trump eram homens. O mesmo vale para o eleitorado do Brexit. Como a lenda do beisebol Yogi Berra teria dito, é difícil fazer previsões, especialmente sobre o futuro. O economista Robert Gordon claramente não estava prestando atenção. Em seu livro *The Rise and Fall of American Growth*, ele faz uma previsão surpreendente que não pegou bem no Vale do Silício. O futuro não é mais o que era antigamente, diz ele. A era de pico do crescimento elevado e disruptivo ficou para trás. Esqueça o poder do iPhone. Pare de exaltar os carros sem condutor do Google. Tais maravilhas empalidecem diante das mudanças sentidas pelas gerações anteriores, e é improvável que nossa época consiga competir com elas. Tyler Cowen apresentou um argumento semelhante em sua fascinante monografia *The Great Stagnation* (ironicamente publicada primeiro como livro digital). Não se trata de um argumento tão contraintuitivo como parece para nossos cérebros do século XXI, cheios de apps e saturados de wi-fi. Gordon indica que, durante a maior parte da história, o crescimento esteve ausente. Entre a queda do Império Romano e a Idade Média, ele praticamente não existiu. A renda per capita da Inglaterra dobrou entre 1300 e 1700, uma taxa tão lenta que era imperceptível.[66] A vida da maioria das pessoas era inimaginavelmente paralisada. Só o século XIX mudou esse quadro.

O crescimento acelerado, em outras palavras, é um episódio, não uma constante. Para a China, a Índia e outros, o crescimento elevado de hoje é uma transição histórica que também se estabilizará. Imagine o lar americano típico em 1870 (ou grande parte da África e da Índia hoje): ele era rural e, com frequência, isolado. Quase uma em quatro crianças morreria na infância; o restante viveria até os cinquenta anos de idade, se tivessem sorte. Eles passariam boa parte da vida buscando água em poços, juntando lenha para o fogão, fazendo roupas com tecido cru e sofrendo de qualquer doença incurável que os acometesse. As viagens, em sua maior parte, eram a cavalo. Um quarto de toda terra fértil dos EUA, cultivada por nada menos do que 8,6 milhões de trabalhadores, era dedicada a produzir pastagem para cavalos.[67]

---

66 Robert J. Gordon, *The Rise and Fall of American Growth: The U.S. Standard of Living Since the Civil War*. Princeton: Princeton University Press, 2016, p. IX.

67 Ibid., p. 3

As comunicações eram feitas por cartas, para aqueles que sabiam ler; a luz vinha do óleo de baleia ou do querosene. «Os frutos do trabalho estavam à mercê de secas, enchentes e infestações de insetos», afirma Gordon. Havia pouco, em outras palavras, que destacasse a miséria da vida diária daquela das incontáveis gerações precedentes. Então veio o grande salto para a frente. A eletricidade comercial, o motor de combustão interna, a penicilina, os bens sintéticos, a refrigeração e o telefone — para mencionar apenas algumas das novas maravilhas — viraram a vida do avesso. A terra foi liberada para produzir para humanos. O fedor do esterco de cavalo foi eliminado das ruas. Água e gás encanados entraram nas casas. Thomas Edison preparou o caminho para os arranha-céus com os elevadores elétricos. Em 1950, apenas uma em cem crianças norte-americanas morria na infância; o restante podia esperar viver até os setenta anos de idade ou mais.[68] Àquela altura, quase todos eram alfabetizados. As viagens caíram de semanas a horas. Num piscar de olhos histórico, a vida foi de sórdida, brutal e curta a agradável, radiante e relativamente longa. Aqueles que ainda acreditam que a nossa era de disrupção se compara com o que aconteceu após 1870 devem se perguntar de que abririam mão primeiro: de seu iPhone ou de um vaso sanitário com descarga? Do laptop ou de antibióticos? Se está com dificuldades para responder a essas perguntas, pense na vida sem eletricidade. O fato de tomarmos

---

68 Ibid., p. 4.

como certo o que veio antes é uma medida de nosso solipsismo.[69]

Entre 1870 e 1970 — o século da maior produtividade ocidental — a renda cresceu mais rapidamente do que nunca. Ela também foi maior do que qualquer coisa vista pelo Ocidente desde então. Com exceção da década de 1990, quando a revolução digital chegou aos nossos computadores, o crescimento da produtividade diminuiu marcadamente nos últimos cinquenta anos. Nos Estados Unidos, ele caiu de uma média de 2,7% ao ano nas décadas de 1950 e 1960 para menos de 1% na última década. O resultado disso foi a desaceleração do crescimento da renda. A renda média por domicílio nos EUA em 2014 foi de $ 56.600. Se tivéssemos mantido o crescimento da produtividade anterior a 1970, ela teria sido de $ 97.300.[70] Já estamos avançados numa desaceleração que, segundo Gordon, deve desacelerar ainda mais. É aí que sua tese se torna controversa. De acordo com os otimistas, como Erik Brynjolfsson e Andrew McAfee, o futuro está em aceleração e, em geral, trará resultados positivos. Seu livro *The Second Machine Age* argumenta que a intensificação da automação liberará o trabalho humano para buscas mais

---

69 Para a minha própria análise dos livros de Gordon, Cowen e De Long, ver: «Is Robust American Growth a Thing of the Past?», *Financial Times*, 19 fev. 2016.

70 Gordon,. *The Rise and Fall of American Growth*, p. 13.

interessantes, bem como para o lazer. Sua visão é de abundância.

Recentemente, ouvi um conhecido investidor do Vale do Silício desprezar os céticos como se fossem ignorantes. Ele apontou a eflorescência dos chamados unicórnios — *startups* privadas avaliadas em mais de $ 1 bilhão — na área de tecnologia que estão trabalhando com realidade virtual, inteligência artificial, tratamentos genéticos e coisas do gênero. Pelo menos uma delas será tão transformadora quanto o iPhone, disse ele. Na realidade, o desânimo dos pessimistas comporta sem problemas a emergência de máscaras de realidade virtual, carros sem condutor e disrupções robóticas. O impacto das novas tecnologias será significativo, mas não revolucionário, dizem eles. Os progressos médicos de hoje estão simplesmente contribuindo para a estagnação econômica. Os avanços mais recentes são no campo do tratamento de enfermidades físicas, prolongando assim a vida de quem pode pagar por eles. Não houve nenhum avanço comparável na cura de doenças mentais, como o Alzheimer. Vidas mais longas com a mesma taxa de incapacidade mental serão ruins para a produtividade. A tecnologia pode continuar a surpreender de maneiras espantosas, mas, se o iPhone não aumentou a produtividade, o que aumentaria? A impressão em 3D, talvez? Ou o salto criogênico?

De início, temi que o pessimismo de Gordon estivesse correto. Os futurologistas mais exaltados do Vale do Silício facilitam a tarefa de quem rejeita o futuro como uma fraude. Agora, meu medo é que Gordon esteja errado.

Devemos ter cuidado com o que desejamos; parece cada vez mais provável que nossos desejos se tornarão realidade. Para entender o que isso significa, pense mais uma vez no mundo como um todo. O que aconteceu com a classe trabalhadora do Ocidente na última geração foi a transferência de tarefas físicas rotineiras para o chão das fábricas do mundo em desenvolvimento. A queda incessante nos custos de transporte permitiu tal transferência. Foi isso que a energia a vapor fez no século XIX e que os aviões, superpetroleiros e portos mecanizados fizeram nas últimas três décadas do século XX. A explosão da tecnologia da comunicação no século XXI está permitindo que as empresas façam exatamente o mesmo na economia do conhecimento hoje. A capacidade das empresas de irem ao estrangeiro por meio de uma cadeia de fornecimento diversificada já não está confinada aos bens físicos. No curto prazo, não é a inteligência artificial que deve preocupar o Ocidente, mas aquilo que Baldwin chama de inteligência remota. Sob certos aspectos, ela já está aqui. Nos últimos vinte anos, a Índia e as Filipinas colheram os benefícios da revolução nas telecomunicações para criar postos de trabalho menos qualificados no setor de serviços em *call centers* ou serviços de assistência de tecnologia. Esses postos de trabalho encontram-se agora ameaçados. Como diz o investidor de risco Marc Andreesen: «O software está engolindo o mundo». Nos últimos tempos, os consumidores americanos e britânicos passaram a notar que cada vez mais eram atendidos por um computador em vez de por um atendente com sotaque indiano. Programas automáticos de voz estão suplantando os humanos. A Índia, portanto, está sendo forçada a se modernizar. Sua próxima geração de empregos *offshore* será dedicada a tarefas muito mais complexas, tais como diagnósticos médicos, pareceres jurídicos, supervisão remota de fábricas e análise de dados de consumidores. Na realidade, isso já está acontecendo.

A velocidade com que a presença virtual e a telepresença holográfica estão se aperfeiçoando também vem abrindo novas áreas. O mesmo acontece com os grandes saltos em programas de tradução (a Índia deve estar alerta: a relativa carência de inglês na China já não será uma desvantagem tão grande). No Ocidente, passamos metade do nosso tempo nos preocupando com imigrantes não qualificados. Deveríamos estar nos preocupando na mesma proporção com os estrangeiros altamente qualificados. Alguns tipos de cirurgiões e arquitetos estarão tão vulneráveis à inteligência remota quanto engenheiros de fábricas ou telefonistas de *call centers*. Ironicamente, alguns dos empregos mais mal pagos — em barbearias e salões de manicure — estão entre os mais seguros. Não importa quão habilidoso seja seu prestador de serviços virtual, é difícil imaginar como ele seria capaz de cortar o seu cabelo. No futuro próximo, a tecnologia irá deslocar muitos dos lucrativos empregos ocidentais no setor de serviços para o mundo em desenvolvimento. Além disso, a inteligência artificial ameaça comer o almoço do mundo. Os empregos manufatureiros da China já estão perdendo terreno para os robôs. Da mesma maneira, o setor de serviços de todos os países irá, cedo ou tarde, entrar na jogada, começando pelo Ocidente, onde a partida já está correndo.

A questão é: até onde isso vai? Muito mais longe do que pensamos. Entre um quinto e um terço da força de trabalho do Ocidente já está ocupada com trabalho independente, estima o McKinsey Global Institute, definido como «de curto prazo, pago por tarefa e autônomo». O movimento da sociedade em direção ao emprego autônomo está ainda em sua na infância. No entanto, já são 162 milhões de pessoas[71] completamente autônomas ou complementando um emprego em tempo integral com outro em tempo parcial. Uma parcela crescente desse trabalho é feito on-line, ou encontrado on-line. Cerca de um terço é de autônomos fazendo trabalho independente porque querem, como web designers ou artistas trabalhando por conta própria. Essas são as últimas pessoas com quem temos de nos preocupar. Na realidade, muitos de nós poderíamos invejar a liberdade deles. Mas um terço é de independentes em tempo integral porque está apertado financeiramente. Ou seja, estamos falando de 50 milhões de pessoas no Ocidente tentando

---

71 James Manyika, Susan Lund, Jacques Bughin, Kelsey Robinson, Jan Mischke e Deepa Mahajan, *Independent work: Choice, necessity, and the gig economy*. McKinsey Global Institute Report, out. 2016.

ganhar a vida na «economia de projetos»[72] por necessidade, e não por escolha. A França e a Espanha possuem a maior proporção de trabalhadores independentes, com quase um terço de sua força de trabalho nessa condição em tempo parcial ou integral. A proporção nos EUA e na Grã-Bretanha é levemente inferior: pouco mais de um quarto. As maiores plataformas para esse tipo de trabalho são nomes conhecidos, como Uber, com 1 milhão de motoristas, Freelancer.com, com 18 milhões de usuários, e Airbnb, com 2,5 milhões de imóveis listados. As menores incluem a Task Rabbit, em que pessoas estão disponíveis para fazer serviços de todo tipo, e a Hourly Nerd, que fornece trabalhadores temporários nas áreas de software e finanças para organizar seus arquivos digitais ou fazer sua declaração de imposto de renda. Nem todos estão financeiramente necessitados; algumas pessoas ganham um bom extra alugando seus apartamento on-line, sem a dor de cabeça da burocracia para montar uma pousada ou hospedaria.

Mas um crescente número foi levado ao mercado informal pelos baixos salários ou pelo desemprego, e eles respondem por *todo* o crescimento no emprego desde a Grande Recessão. Nos EUA, o trabalho formal diminuiu 0,1% por ano desde o desastre financeiro de 2008. Todos os novos empregos dos Estados Unidos foram gerados pelo trabalho independente,

---

72 *Gig economy,* no original. Trata-se das relações de trabalho entre freelancers e empresas para serviços pontuais (N. T.)

que cresceu 7,8% ao ano.[73] Da próxima vez que um economista se vangloriar da reduzida taxa de desemprego dos EUA, lembre-se de que isso é algo muito diferente do que costumava ser. Essa não é a economia dos seus pais; não é nem a da sua irmã mais velha. A economia de projetos tampouco é dominada por *millennials*. A Grã-Bretanha tem mais aposentados do que pessoas com menos de trinta anos realizando trabalho autônomo. Nos EUA, a participação na força de trabalho de pessoas com idade entre 64 e 75 anos aumentou 4,7% na última década, uma época em que a taxa geral caiu.[74] Gostamos de chamar isso de «economia do compartilhamento», mas o fato de que as pessoas mais velhas estão realizando uma parcela tão grande do trabalho sugere que há forças menos caridosas em ação. À medida que o valor real das aposentadorias e da seguridade social cai, a pressão para adiar a aposentadoria aumenta. Uma vez mais, devemos ter cuidado para não cairmos em generalizações: algumas pessoas de idade trabalham porque gostam. No entanto, tampouco devemos romantizar o que está acontecendo. A era da automação está tornando o trabalho cada vez mais dispensável, então as empresas estão constantemente buscando maneiras de apertar os cintos. A nova economia criou plataformas digitais que permitem às pessoas oferecerem seus serviços on-line. No entanto, o que elas encontram é geralmente muito menos seguro do aquilo que

---

73 Manyika et al., Independent work.
74 Ibid.

perderam. Esse tipo de trabalho não inclui plano de saúde ou contribuições previdenciárias. Na realidade, ele nem sempre paga. Quase três quartos dos trabalhadores independentes dos EUA relatam sérias dificuldades para receber o que lhes é devido. O valor médio em atraso é de $ 6 mil, uma grande soma para quem está no limite. Quase metade dos norte-americanos não seria capaz de pagar uma emergência médica de $ 400 sem se endividar.[75] O que a McKinsey prevê para o futuro do trabalho independente é, ao mesmo tempo, revelador e perturbador. Segundo suas estimativas, cada família no Ocidente poderia poupar 3,2 horas por dia terceirizando trabalhos on-line: levar as crianças para a escola, realizar pequenas tarefas, fazer compras, cozinhar, lavar a roupa e cuidar dos animais de estimação. No total, isso criaria 7 milhões de novos empregos. A McKinsey calcula que há $ 100 bilhões em trabalhos domésticos não remunerados que deveriam ser terceirizados, que consumiriam 12 bilhões de horas de trabalho. São necessários dois segundos para calcular que isso pagaria um pouco mais de $ 8 por hora — consideravelmente menos do que o salário mínimo na maior parte do Ocidente. Tal mudança seria ótima para quem pudesse pagar por ela, mas dificilmente se trata de uma visão inspiradora do futuro do trabalho facilitado pela tecnologia.

Nós nos enganamos com frequência pensando que a economia disruptiva é impulsionada pela criatividade. Mas a maior parte dela

---

75 Ibid.

envolve a aplicação de redes digitais a qualquer área onde isso seja possível. Nossos sonhos de futuro são fornecidos por ciberutopistas. Para a maioria das pessoas, no entanto, a realidade hoje é menos glamorosa. Repórteres estão perdendo empregos para algoritmos que filtram conteúdo e escrevem notícias baseadas em palavras-chave que as levam ao topo da página de busca do Google. Publicitários estão sendo trocados por anúncios em mídias sociais para dispositivos móveis que sabem exatamente onde você está e combinam o conteúdo apresentado com sua localização. O Facebook agora é capaz de usar os rostos de seus amigos em propagandas direcionadas especificamente a você. Jaron Lanier, um dos pioneiros da tecnologia virtual, mas também uma das vozes mais sensatas do Vale do Silício, chama as grandes empresas que estão dominando o mercado de dados de consumidores de «servidores sereias», como as criaturas do mito grego.[76] Nós somos os marinheiros, sendo atraídos para as rochas. Em troca de acesso às mídias sociais, entregamos cada vez mais os nossos dados pessoais de graça.

A troca é cada vez mais unilateral. Muitos de nossos empregos são esmagados por esse negócio invisível, e, se não nossos empregos, então nossos ganhos, que parecem não crescer nunca. O resultado é a diminuição de valor da economia real por meio da redução da capacidade de pagamento da maioria dos consumidores.

---

[76] John Lanier, *Who Owns the Future?*. Nova York: Simon & Schuster, 2013.

Até para os donos dos «servidores sereias», isso acabará se mostrando contraproducente: «o princípio dominante da nova economia, a economia da informação, tem sido o de esconder o valor da informação», afirma Lanier. «As pessoas normais serão desvalorizadas... enquanto aquelas mais próximas dos computadores mais poderosos serão hipervalorizadas.» Depois de um tempo, as elites dos dados também podem sentir o aperto. Seu modelo de negócios é o oposto do que fez Henry Ford, que aumentou o salário pago a um empregado de fábrica para $ 5 por dia, valor que, em 1920, garantia uma vida de classe média confortável. Três décadas mais tarde, Ford alterou seu modelo quando começou a investir em automação. Durante uma inspeção a uma fábrica com Walter Reuther, líder sindical da indústria automotiva, Ford apontou para os robôs e disse: «Como você vai cobrar o imposto sindical deles?», ao que Reuther respondeu: «Como você vai vender a eles os seus carros?».[77] Era uma boa pergunta. Podemos questionar o mesmo hoje em dia a respeito do Google e do Facebook. A nova economia exige consumidores com poder de compra — exatamente como a antiga. No entanto, de maneira semelhante ao fazendeiro que come as sementes destinadas ao plantio, os «Grandes Bancos de Dados» estão engolindo sua fonte de recursos futuros. «Não é o resultado de um plano diabólico», escreve Lanier, «mas um efeito colateral da ascensão da fantasia idiota

....

[77] Edward Luce, «Obama Must Face the Rise of the Robots», *Financial Times*, 3 fev. 2013.

que diz que a tecnologia está se tornando mais inteligente e está caminhando sozinha, sem as pessoas.»

Quer você ouça os utopistas ou os distopistas, todos concordam que a quantidade de empregos que correm o risco de ser eliminados está crescendo. A McKinsey afirma que quase metade dos empregos existentes são vulneráveis a robôs, e estamos mal preparados para nos adaptarmos a isso. Dois terços das crianças que começam a escola hoje terão empregos que não existem atualmente. Ninguém conseguiu encontrar um remédio ainda. A direita populista nos Estados Unidos e na Europa quer dar marcha a ré na história e voltar aos dias em que homens eram homens e o Ocidente dominava o mundo. Ela está disposta a sacrificar os ganhos da globalização — e arriscar um conflito com a China — para proteger empregos que já desapareceram. Os populistas não têm muito a dizer sobre a automação, apesar de ela ser uma ameaça muito maior do que o comércio aos empregos das pessoas. A esquerda defende medidas graduais, tais como melhor treinamento para os trabalhadores, escolas mais inteligentes e infraestrutura. São causas nobres, mas assemelham-se um pouco a prescrever aspirina contra um câncer. Antes de sua malfadada campanha presidencial, perguntaram a Hillary Clinton a respeito do desemprego estrutural: «Não tenho uma resposta rápida e inteligente para lhe dar. Não há soluções fáceis». Até mesmo a direita não populista admitiu sua impotência. Em seu estudo sobre o futuro do trabalho, a organização *laissez-faire* Instituto

Baker admitiu que «tinha sido incapaz de encontrar quaisquer soluções baseadas no livre mercado». Karl Marx previu que o capitalismo forçaria os trabalhadores do mundo a se unirem. Ele entendeu a coisa de trás para a frente. São as elites que estão desapegando-se de suas lealdades e os trabalhadores que estão correndo em direção às bandeiras nacionais. Essa não é uma visão de paz social. «Os ricos viverão em condomínios fechados protegidos por *drones* e conectados por carros sem condutores», previram Yascha Mounk e Lee Drutman, dois dos mais argutos cientistas políticos de hoje. «Tecnologias de vigilância cada vez mais inteligentes ajudarão a monitorar as atividades dos descontentes do lado de fora…»[78] Elites do mundo, uni-vos! Vós tendes tudo a perder!

A cada mês de janeiro, os encontros de Davos parecem um pouco mais perplexos diante do que está acontecendo no mundo exterior. Em 2016, a preocupação foi a ameaça de pandemias, justo quando a epidemia de Ebola estava retrocedendo. Em 2015, seu relatório anual tratou do retorno da geopolítica, após a anexação da Crimeia pela Rússia no ano anterior.[79] Em seu primeiro relatório, em 2006, a ansiedade era com epidemias e o risco de terrorismo após a crise de gripe asiática e os ataques no metrô de Londres. E assim por diante. A especialidade de Davos é projetar o

---

78 Lee Drutman e Yascha Mounk, «When the Robots Rise», *National Interest*, 144, jul.-ago. 2016.

79 Espen Barth Eide, «2015: The Year Geopolitics Bites Back?», *World Economic Forum*, 7 dez. 2014.

futuro a partir do passado recente que o pegou de surpresa.

Todos nós somos culpados disso, mas Davos criou uma marca a partir de suas ideias convencionais. George Orwell afirmou que «o maior inimigo da linguagem clara é a insinceridade». Segundo essa medida, as elites globais têm algo a esconder, apesar de eu suspeitar que estão escondendo algo sobretudo de si mesmas. Quanto mais nossas elites clamam por «liderança de pensamento» e «pensamento disjuntivo», menos sinceras elas parecem. Expressões da moda, como «resiliência», «governança global», «colaboração multipartes» e «praça pública digital», são a resposta para todos os problemas, não importando a sua natureza. Guerras demais em curso? Precisamos de mais colaboração. Elevado risco de outra pandemia? Maior participação dos atores interessados. Revoltas populistas convulsionando o Ocidente? Temos de reconstruir a confiança na governança global.

Para cada risco, Davos oferece uma solução aparente. A maior parte de sua prosa pomposa soa inócua. Mas o léxico trai uma visão de mundo intrinsecamente receosa da opinião pública. A democracia nunca é a cura. Se as classes médias estão com raiva, deveriam ouvi-las mais de perto. Eis a solução de Davos em 2015 para o populismo econômico: «Sem confiança, nenhuma decisão em nível internacional será tomada. No entanto, a responsabilidade se estende para além do nível político: as empresas multinacionais e os consumidores também têm um papel no fortalecimento da colaboração global diante das crescentes pressões para priorizar interesses econômicos nacionais.»[80] Tradução: as democracias devem ouvir mais as empresas multinacionais; buscar o interesse econômico nacional é sempre ruim. Aqui está a solução de Davos para a desordem multipolar: «Administrar o risco irá requerer flexibilidade, novas ideias e comunicação entre todos os interessados». Aqui, não é preciso tradução, mas seria bom ter uma amostra das novas ideias que Davos sempre diz que precisamos.

O abismo entre a visão dos Alpes suíços e as realidades aqui de baixo só aumenta. Dados os choques eleitorais do ano anterior, o relatório de 2017 é o melhor exemplo até agora. Eis a solução de Davos para a crise de imigração que está convulsionando a política na Europa e nos Estados Unidos: «Em certa medida, os desafios culturais associados à imigração podem ser enfrentados aprimorando a maneira de comunicar as mudanças: os dados mostram que os eleitores mudarão de opinião a respeito das mudanças culturais na sociedade se os políticos sublinharem a assimilação que já vem ocorrendo.»[81] O que significa que temos de aprimorar nossa habilidade de dizer para as pessoas que as coisas estão indo muito bem. E aqui está a cura para a crise da democracia no Ocidente: «Uma solução em potencial seria fazer um melhor uso da tecnologia no processo de governar — não apenas para prestar serviços de maneira mais rápida, eficiente, inclusiva e voltada ao

---

80 Global Risks 2015, *World Economic Forum*.
81 Global Risks 2017, *World Economic Forum*.

consumidor, mas também para estabelecer um «espaço público digital» com uma comunicação mais direta entre os governantes e o povo.»[82] Os políticos, portanto, deveriam passar mais tempo on-line. Talvez Davos devesse primeiro ter lido o que as pessoas estão dizendo na internet. Como brincou alguém sobre a campanha impulsionada pelo Twitter feita por Donald Trump: «É como uma caixa de comentários concorrendo à presidência». Se isso são as ideias dos líderes, como seriam as ideias dos seguidores? Davos tornou-se o emblema de uma elite global que perdeu a capacidade de ouvir.

Comecei este livro com uma reminiscência sobre a queda do Muro de Berlim. Uma década depois, me vi contratado para escrever os discursos de Lawrence Summers, quando ele foi secretário do Tesouro no governo Clinton. Ao olhar para trás, fico perplexo com a autoconfiança inabalável daquele tempo. Estávamos no auge do Consenso de Washington. Junto com Alan Greenspan, então diretor do Banco Central dos EUA, e Robert Rubin, secretário do Tesouro anterior, Summers personificava a elite intelectual global. Apesar de muitas vezes abrasivo, ele é também brilhante, especialmente quando está errado. Mas, quando os fatos mudam, ele é capaz de mudar de ideia. Em 2008, Lawrence Summers já tinha se afastado de muito do triunfalismo do fim da década de 1990. Summers queixou-se «do desenvolvimento de elites sem pátria, mais leais ao sucesso econômico global e a sua própria

---

82 Ibid.

prosperidade do que aos interesses da nação onde estão sediadas».[83] Em 2016, ele avisava que a tolerância da população com as soluções dos *experts* «parecia ter se esgotado» e aconselhava um novo «nacionalismo responsável», que «partiria da ideia de que a responsabilidade básica do governo é maximizar o bem-estar de seus cidadãos, e não buscar um conceito abstrato de bem global».[84] As elites globais, em outras palavras, precisam estar ligadas ao modo como a maioria das pessoas vê o mundo, e não o contrário. Creio que o que Summers está dizendo agora está mais próximo da verdade. De acordo com a Pesquisa Mundial de Valores (World Values Survey), as pessoas se identificam de maneira muito mais forte com sua nação do que com uma identidade global. As duas exceções foram a Colômbia, devastada por uma brutal guerra civil há mais de uma geração, e Andorra, que tem menos de 80 mil pessoas. Quanto mais cedemos poder a organismos globais, mais violenta é a reação contra a globalização. Dani Rodrik, um dos mais destacados economistas internacionais do mundo, fala do trilema global.[85] Não podemos buscar ao mesmo tempo a democracia, a

---

83 Lawrence Summers, «America Needs to Make a New Case for Trade», *Financial Times*, 27 abr. 2008.

84 Id., «Voters Deserve Responsible Nationalism, not Reflexive Globalism», *Financial Times*, 9 jul. 2016.

85 Dani Rodrik, *The Globalization Paradox: Democracy and the Future of the World Economy*. Nova York: w. w. Norton & Company, 2011.

autodeterminação nacional e a globalização econômica. Elas são incompatíveis, alguma tem de ceder. Sob o antigo Acordo Geral sobre Tarifas e Comércio (conhecido por sua sigla em inglês, GATT), que se encerrou em 1995, qualquer país era livre para vetar qualquer acordo. Hoje em dia, as democracias rotineiramente sofrem reveses no tribunal de apelação da OMC. Por exemplo, as objeções da União Europeia à importação de alimentos geneticamente modificados e de carnes injetadas com hormônios foram rejeitadas pela OMC, ainda que esta concedesse que não havia consenso científico sobre o assunto. Se a vontade democrática do maior bloco de comércio do mundo pode ser desfeita por uma grupo de juízes de comércio não eleitos, imagine quais são as chances de qualquer outro.

O espaço para a democracia nacional vem encolhendo. Vastas áreas anteriormente reservadas à soberania nacional estão agora cercadas pelo direito internacional e por regulamentos globais. O instinto em Davos é empurrar ainda mais a elaboração de políticas públicas para fora do alcance dos Estados-nação. A resposta para os problemas da Europa é sempre mais Europa. A resposta à revolta global contra o comércio é sempre vender os acordos comerciais de maneira mais eficiente. Não surpreende que as democracias estejam agora relutantes em firmar tais acordos. As últimas negociações comerciais globais sérias realizadas numa cidade do Ocidente aconteceram em 1999, em Seattle, que foi fechada por manifestantes. A tentativa seguinte dos líderes globais aconteceu em 2002, no espaço seguro do Golfo Pérsico, onde as vozes de dissenso não podiam ser ouvidas. A Rodada Doha morreu alguns anos depois. Agora, Donald Trump matou a Parceria Transpacífico (conhecida por sua sigla em inglês, TPP), o acordo lançado por George W. Bush e completado por Barack Obama. Trump também está desmontando o Tratado de Livre-Comércio da América do Norte (conhecido por sua sigla em inglês, NAFTA), da era Clinton, e enterrou as chances de um acordo transatlântico. Enquanto isso, a Grã-Bretanha está abandonando o mercado único europeu.

As elites mundiais ajudaram a provocar aquilo que temiam: um levante populista contra a economia mundial. A globalização está em marcha a ré no exato momento em que o impacto das novas tecnologias dá mostras de crescimento. Em suas aulas em Harvard, Rodrik oferece uma escolha aos alunos: devemos globalizar a democracia ou restringi-la ao seu território de origem? Os estudantes sempre votam em massa pela democracia global. Mas, se ela não funciona no âmbito europeu, que chance teria no âmbito mundial? Enquanto isso, a democracia digital é um slogan vazio. A outra escolha — autocracia — é uma perspectiva sombria, apesar de vários países estarem se movendo em direção a ela. O que nos deixa com uma alternativa prática: abandonar o impulso por uma globalização profunda. Rodrik chama isso de «globalização esguia». Eu prefiro pensar nela como a última chance da democracia liberal, talvez a única maneira realista de salvar uma ordem global pacífica.

Na década de 1990, o colunista do *New York Times* Thomas Friedman criou a sua famosa «camisa de força dourada» para o admirável mundo novo que surgiu após a queda do Muro de Berlim.[86] Ironicamente, isso significava menos democracia precisamente em seu momento de triunfo. Quando você veste a camisa de força dourada, «sua economia cresce, mas sua política encolhe». Friedman possui um dom excepcional para captar o espírito do tempo com *insights* reveladores, mas deveria ter deixado de lado a palavra «dourada». Camisas de força são para loucos. Não podemos nos queixar se nossas democracias começaram a perder a cabeça.

---

86 Thomas Friedman, *O Lexus e a Oliveira : entendendo a globalização*. São Paulo: Objetiva, 1999

Parte dois

Reação

*A democracia não é a multiplicação
de opiniões ignorantes.*
Beatrice Webb

O sucesso gera a imitação. Até os meus seis anos de idade, mal havia trinta democracias num mundo de quase duzentas nações. A primeira onda moderna de democratização aconteceu em 1974, quando a Revolução dos Cravos derrubou o regime fascista de Salazar em Lisboa.[1] A ela seguiu-se rapidamente a derrubada da junta militar na Grécia. Mais ou menos o mesmo aconteceu na Espanha no ano seguinte à morte do general Franco. Esses eventos fecharam a conta da derrota do fascismo ocorrida uma geração antes. Foi apenas na queda do Muro de Berlim que as comportas realmente se abriram. Na virada do milênio, havia mais de cem democracias no mundo. Assim como o Consenso de Washington forneceu o conjunto de ferramentas para o sucesso econômico, o Ocidente deu o manual de instruções sobre como se democratizar. Eles formavam um par: não era possível desenvolver sua economia a menos que

....

1   Samuel Huntington descreve a Europa de meados da década de 1970 como a «terceira onda», mas o meu ponto de partida é diferente.

você fosse uma democracia, ou era isso o que afirmávamos. A dupla também dividia uma ignorância orgulhosa da história, o que quer dizer que era seriamente enganosa. Na realidade, a economia frequentemente se desenvolveu sob barreiras protecionistas — o que fizeram quase todos os países ocidentais no século XIX. Esquecemo-nos de que a proteção de Alexander Hamilton às «indústrias nascentes» continuou até o século XX? Hamilton tomou essa abordagem mercantilista diretamente dos monarcas Tudor, da Inglaterra, que usaram a proteção para defender os fabricantes ingleses de lã de seus competidores flamengos. Da mesma maneira, muitos países se industrializaram sob condições autoritárias. Otto von Bismarck conduziu a Alemanha pelo caminho de sangue e ferro para a prosperidade no fim do século XIX. A restauração Meiji no Japão foi um exemplo de desenvolvimento de cima para baixo. E a China durante a última geração, — e hoje? Mas o Ocidente estava numa missão de proselitismo, as grandes questões haviam sido resolvidas. Tratava-se de pequenos buracos na estrada de nossa jornada teleológica.

As coisas começam a dar errado depois de 2000. O primeiro grande golpe aconteceu na Rússia, onde Vladimir Putin substituiu Boris Iéltsin como presidente e começou a desmontar o sistema de eleições livres e justas, ao mesmo tempo que mantinha sua fachada. O Ocidente é bom em deixar de lado os detalhes locais quando estes se mostram inconvenientes, sobretudo no que diz respeito à Rússia. Na década de 1980, o colapso da União Soviética humilhou toda uma geração de sovietólogos ocidentais. Ninguém o esperava. Na década de 1990, nos convencemos de que a Rússia estava em processo de transição da autocracia socialista para o capitalismo liberal, mesmo quando assessores ocidentais exortavam Moscou a adotar a terapia de choque, que permitiria a ascensão de uma nova oligarquia russa. Seguindo conselhos ocidentais, Iéltsin privatizou os ativos mais valiosos da Rússia em uma venda relâmpago para um pequeno grupo de empresários. Em troca, eles financiaram sua reeleição em 1996. Ainda assim, nossa fé permanecia inabalável. Em 2008, acreditamos que o interregno autoritário de Putin havia acabado e que a Rússia tinha recomeçado sua jornada às terras ensolaradas sob Dmitri Medvedev. O governo Obama baseou o reinício das relações EUA-Rússia na crença de que Putin havia ficado para trás. Foi uma aposta que se revelou muito mais custosa do que o presidente Obama e a então secretária de Estado Hillary Clinton poderiam ter imaginado. Quando visitei Moscou, duas semanas após a eleição de Donald Trump, em 2016, meus anfitriões diziam que os Estados Unidos tinham passado por sua própria Revolução Laranja. Da Revolução Rosa na Geórgia, em 2003, até a Revolução Laranja da Ucrânia, em 2004, passando pela versão uva da Moldávia em 2009, comemoramos a queda de regimes pró-Moscou ao longo da fronteira russa. A vitória de Trump mostrou que esse jogo pode ser jogado por duas pessoas. De súbito, tudo o que era sólido estava se desmanchando no ar. Em lugar da marcha em direção à verdade, tínhamos uma política de *reality show*. «Moscou pode passar a impressão de ser uma oligarquia pela manhã e uma democracia à tarde; uma monarquia no jantar e um Estado totalitário na hora de dormir», escreveu Peter Pomerantsev, em seu livro *Nothing is True and Everything is Possible*.[2] Esse tipo de manipulação está começando a parecer assustadoramente familiar nos Estados Unidos de Trump.

A marca da democracia também foi prejudicada pela reação norte-americana aos ataques da Al-Qaeda, em 2001. A resposta de George W. Bush ao Onze de Setembro foi um duplo golpe no fascínio exercido pelas democracias ocidentais. O primeiro veio sob a forma do *Patriot Act*, que preparou o caminho para a espionagem contra cidadãos americanos e deu luz verde para múltiplas diluições das liberdades constitucionais dos EUA. Aquele imperativo foi então estendido para as relações dos EUA com qualquer país — democrático ou não — que tenha se comprometido a cooperar na «guerra ao terror». Autocratas como Putin e o presidente do Paquistão, Pervez Musharraf, passaram de párias a velhos irmãos quase da noite para o dia. Quando o governo Bush disse: «Vocês estão conosco ou contra nós», ele se referia à abertura de «bases secretas» onde a CIA pudesse simular afogamentos em suspeitos de terrorismo, bem como intercambiar listas de

---

2   Peter Pomerantsev, *Nothing Is True and Everything Is Possible: The Surreal Heart of the New Russia*. Nova York: Basic Books, 2014.

terroristas sem que perguntas fossem feitas, contra as quais não havia recursos, uma prática conhecida no direito internacional como *refoulement*. Isso deu aos regimes não democráticos uma desculpa para inserir opositores domésticos nas listas internacionais, com efeitos devastadores sobre os direitos políticos no mundo. Na década seguinte ao Onze de Setembro, o número de Avisos Vermelhos da Interpol aumentou oito vezes.[3] Tais práticas contradiziam a agenda democrática de Bush. Por exemplo, elas privaram os EUA da legitimidade moral de criticar a Organização de Cooperação Xangai, um grupo de autocracias da Ásia Central apoiado pela China que hoje opera o seu próprio *refoulement* de troca de dissidentes políticos em nome do combate ao terrorismo. A abordagem do governo Bush também foi míope geopoliticamente. Da mesma forma que o apoio do Ocidente à *jihad* afegã contra os soviéticos nos anos 1980 preparou a ascensão do terrorismo islâmico, os pactos fáusticos pós-Onze de Setembro dos Estados Unidos com os regimes autocráticos ajudaram a semear a atual recessão democrática, que certamente deverá se aprofundar sob Trump.

Mas a «guerra contra o terror» foi a menor das consequências inesperadas de Bush.

---

3 Alexander Cooley, «Countering Democratic Norms». In: Larry Diamond, Marc F. Plattner e Christopher Walker (orgs.), *Authoritarianism Goes Global: The Challenge to Democracy (A Journal of Democracy Book)*. Baltimore: Johns Hopkins University Press, 2016.

A maior delas veio em março de 2003, com a invasão do Iraque, liderada pelos EUA. É difícil exagerar a extensão do dano que a Guerra do Iraque causou ao *soft power* norte-americano e à credibilidade da missão democrática ocidental. A operação «Liberdade Duradoura», que começou após o Onze de Setembro, foi seguida pela operação «Liberdade Iraquiana». Ambas foram batizadas de forma precipitada. Uma coisa é entrar em guerra em nome da liberdade, outra é não ter noção nenhuma a respeito. Mesmo sem o duplipensar da «guerra contra o terror», é altamente duvidoso que democracias possam ser instaladas com uma arma apontada para suas cabeças. Muito do trabalho exemplar que os Estados Unidos tinham feito para promover os intercâmbios públicos e facilitar o dissenso detrás da Cortina de Ferro durante a Guerra Fria foi anulado pela maneira arrogante com que a «Autoridade Provisória da Coalizão» instalada no poder por Bush pôs-se a democratizar o Iraque. Washington inundou Bagdá com um bando de apadrinhados políticos na casa dos vinte e dos trinta anos, que receberam poderes ao estilo colonial para planejar as políticas públicas na democracia informe do Iraque. O desastre de relações públicas causado pela ignorância das condições locais demonstrada pelos indicados por Bush foi agravado pelas terríveis imagens das humilhações impostas pelos membros da Guarda Nacional dos EUA aos prisioneiros de Abu Ghraib. A operação «Liberdade Iraquiana» havia se transformado na operação «Dano à Democracia».

Foi o desejo de evitar os erros de Bush que causou tamanha indecisão em Barack Obama quando a Primavera Árabe irrompeu em 2011. De início, Obama apoiou os protestos pró-democracia na Praça Tahrir, no Cairo, bem como em outros lugares. Quando viu os resultados — sobretudo o governo profundamente iliberal da Irmandade Muçulmana no Egito —, sua atitude perante as revoluções esfriou. Uma a uma, as flores democráticas árabes murcharam. Somente na Tunísia a democracia permanece viva. A ambivalência de Obama talvez tenha sido mais bem expressa nas quase despercebidas solicitações de recursos para o Fundo Nacional para a Democracia (FND), um órgão dos EUA que vinha realizando um trabalho paciente de ajuda para que as jovens democracias criassem raízes. Em cada um dos cinco anos seguintes à Primavera Árabe, a Casa Branca solicitou uma redução no orçamento do FND.[4] Contrariando todas as tendências, o Congresso, de maioria republicana, reverteu os cortes de Obama e aumentou a alocação de recursos. A essa altura, Obama estava irremediavelmente dividido. Em uma viagem à Etiópia, em 2015, ele parabenizou o governo por ser democraticamente eleito, após uma eleição geral na qual o partido no poder havia vencido todos os assentos em disputa. Pouco depois, Adis Abeba lançou uma campanha de repressão a seus oponentes que resultou em centenas de mortes. Se o presidente dos Estados Unidos estava dividido em relação à democracia, como

---

4 Ibid.

o resto do mundo deveria se sentir? Foi sob a guarda de Obama que o número de democracias no planeta caiu de maneira mais marcada. O mundo possui hoje 25 democracias a menos do que na virada do século. Além da Rússia e da Venezuela, Turquia, Tailândia, Botsuana e agora a Hungria são consideradas nações que já cruzaram a linha. De acordo com a *Freedom House*,[5] desde 2008 mais países restringiram a democracia do que a expandiram. «Não há um único país no continente africano onde a democracia esteja firmemente consolidada e segura», afirma Larry Diamond, um dos principais pesquisadores da democracia.[6] O que ainda não sabemos é se a recessão democrática mundial se transformará numa depressão global. A pergunta de Fukuyama será respondida, em grande parte, no próprio Ocidente.

O efeito gangorra da política externa dos EUA desde o ano 2000 foi de segunda ordem se comparado com o impacto que a Grande Recessão teve sobre a reputação democrática do Ocidente. Colocar a culpa do colapso na ganância de banqueiros de investimento ou na incompetência dos reguladores financeiros dependia em grande parte de sua orientação política, mas, em ambos os casos, o colapso de 2008 foi, sob uma perspectiva ocidental, um evento primariamente econômico. O resto do mundo, porém, viu 2008 e suas consequências de um ângulo muito mais amplo. Apesar de a turbulência de curto prazo ter sido global, a

---

5   Freedom in the World 2016, *Freedom House*.
6   Entrevista com o autor, janeiro de 2017.

assim chamada «recessão global» foi primariamente uma recessão atlântica. A maior parte do resto do mundo continuou a crescer. Na realidade, o crescimento na China, a maior autocracia do planeta, aumentou durante vários anos após 2008. O contraste ajudou muito a imagem global da China, sendo também um trunfo para sua reputação política. Apesar de o Ocidente gostar de pensar na onda democrática do fim do século XX como uma conversão ao estilo de Paulo na estrada para Damasco, muita coisa nela foi puramente instrumental: os não ocidentais podiam ver em suas televisões os frutos do crescimento do Ocidente. Eles sabiam qual galinha estava botando os ovos de ouro. Logo que a economia da China descolou-se de maneira visível da do Ocidente em 2008, a maré começou a mudar. «Ao demonstrar que a modernização avançada pode ser combinada a um governo autoritário, o regime chinês deu esperanças a governantes autoritários no mundo todo», afirma Andrew Nathan, um importante sinólogo.[7]

A China aplicou seu recém-adquirido prestígio em muitas frentes. A que causou maior impacto foi a econômica. Os bancos de desenvolvimento chineses injetaram bilhões de dólares na África, Ásia Central e América Latina, com frequência afastando as

---

7 Andrew Nathan, «China's Challenge». In: Larry Diamond, Marc F. Plattner e Christopher Walker (orgs.), *Authoritarianism Goes Global: The Challenge to Democracy*. Baltimore: Johns Hopkins University Press, 2016.

instituições globais dominadas pelo Ocidente, tais como o Banco Mundial e o Banco Asiático de Desenvolvimento. Em contraste com seus competidores de Bretton Woods, os financiadores chineses ofereciam empréstimos sem que estes viessem ligados a exigência pró-democráticas. Em 2015, a China lançou o Banco Asiático de Investimento em Infraestrutura (BAII), com sede em Pequim. A Casa Branca de Obama pediu publicamente a seus aliados para que boicotassem o novo órgão, o que foi ignorado.[8] Grã-Bretanha, França, Alemanha, Austrália e outros aderiram ao BAII como acionistas fundadores. Da mesma maneira, a China aumentou seus gastos com *soft power*. Pequim administra hoje mais de quinhentos Institutos Confúcio em todo o mundo.[9] Num momento em que os órgãos de mídia ocidentais estão em meio a uma retirada global — em alguns casos, encerrando toda sua presença no estrangeiro —, a Central de Televisão da China (CTC) abriu trinta novas sucursais no exterior. Outros estão seguindo o mesmo caminho: RT, o canal estatal russo, está atualmente presente em 3 milhões de quartos de hotel no mundo.

A China não compartilha do impulso missionário do Ocidente — ela já não busca exportar a revolução, como fez durante os dias do comandante Mao. Seu objetivo atual é primariamente contrarrevolucionário: como Moscou,

---

8 Geoff Dyer e George Parker, «US attacks UK's ‹constant accommodation› with China», *Financial Times*, 12 mar. 2015.

9 Cooley, «Countering Democratic Norms».

o verdadeiro objetivo de Pequim é quebrar a pretensão universalista do Ocidente. Dado o histórico duvidoso do Ocidente no Iraque e em outros lugares, não se trata de algo tão difícil de vender. Hoje, é mais fácil argumentar que o discurso liberal-democrático dos EUA serve para encobrir seus interesses geopolíticos. O mantra chinês de respeito pela diversidade civilizacional — um código para autocracia — encontra agora um público mais receptivo. O dirigismo vem merecendo uma segunda chance. Uma das tendências mais insidiosas, e, no entanto, uma das menos notadas, é o aumento das restrições a organizações não governamentais estrangeiras. Liderados pelas China e pela Rússia, quase quarenta países amordaçaram ou expulsaram ONGs estrangeiras desde 2003, a maioria delas do Ocidente.[10] Parte disso é pura repressão: alguns aliados da China na Ásia Central usaram o pretexto da «propaganda homossexual» para negar a entrada de instituições de caridade estrangeiras. Em outros lugares, a ação é mais sutil. Da mesma maneira que a RT e a CTC mantêm uma fachada de independência editorial, os regimes autoritários adquiriram o hábito de criar ONGs governamentais, os oximoros chamados Gongos (sigla em inglês para «organizações não governamentais organizadas pelo governo»). Gongos são outra especialidade chinesa. Como costumo dizer, o sucesso gera imitadores.

E há também Donald Trump. Como a democracia mais rica do planeta foi capaz de

---

10 Ibid.

colocar em seu cargo mais importante esse homem? Trata-se de uma questão que tem intrigado a China. A visão tradicional do Partido Comunista sobre a democracia norte-americana é a de que a classe endinheirada arma a vitória do candidato que pode defender seus interesses da melhor maneira. O processo é sempre uma farsa. A visão dos grupos pró-democracia na China, por outro lado, é a de que o povo norte-americano escolhe livremente a melhor pessoa após um debate intenso e justo. Ambas as escolas ficaram de ponta-cabeça após o resultado de 2016: os conservadores porque Trump venceu contrariando os desejos de Wall Street, o que não deveria acontecer numa democracia capitalista; os liberais porque charlatões como Trump não deveriam vencer; o processo deveria ser à prova de falhas. «Os liberais chineses vivem um dilema», afirma Eric Li, investidor de risco em Xangai que administra seu próprio *think tank*. «Eles desprezam Trump, mas não conseguem dizer… o povo está errado. Admitir isso não os ajudaria a defender a democracia ao estilo ocidental na China. Afinal de contas, se o povo pode errar tanto, como é possível conceder-lhe o direito ao voto?».[11]

Dos erros norte-americanos pós-Onze de Setembro à eleição de Donald Trump, o século XXI tem sido generoso com autocratas no mundo todo. É tentador acreditar que se trata de acidentes históricos que serão corrigidos com o passar do tempo; as forças humanas,

---

11 Eric X. Li, «Watching American Democracy in China», *Foreign Affairs*, jun. 2016.

sociais e tecnológicas a favor da democracia irão, ao final, mostrar-se muito mais fortes do que a escola histórica do «às vezes dá merda». Trata-se de um raciocínio que deveríamos evitar. O famoso dramaturgo alemão Bertolt Brecht disse: «Não seria mais fácil/ Neste caso, para o governo/ Dissolver o povo/ E eleger outro?» De uma maneira estranha, é isso o que Putin faz, ao manipular e refazer a opinião pública russa a fim de adequá-la a seus propósitos. Bagunçar a cabeça das pessoas também é a especialidade de Trump. É mais difícil fabricar consensos — ou reprimir divergências — nos Estados Unidos do que em qualquer outro lugar do mundo. Mas isso não torna a tarefa impossível. A democracia, assim como a sociedade, é um organismo adaptativo. Sob uma forma ou outra, a maioria das democracias ocidentais há muito consagraram o povo como soberano (a Grã-Bretanha é uma exceção que confirma a regra). No entanto, sempre soubemos que não existe uma coisa chamada «povo». Trata-se de uma ficção útil. Talvez a cortina tenha sido puxada demasiado para trás para continuarmos fingindo. Em outro momento espirituoso, Brecht disse: «Todo o poder emana do povo. Mas para onde ele vai?».[12]

No fundo, eu não esperava que Donald Trump ganhasse. Por pior que as coisas estivessem, quando chegasse o momento, o

---

12 Citado como epígrafe do livro de Jan-Werner Müller, *What is Populism*? Filadélfia: University of Pennsylvania Press, 2016. [Ed. port.: O que é o populismo? Alfragide: Texto, 2017.]

eleitorado norte-americano daria um passo atrás e se afastaria do abismo. Nesse ponto, eu errei. Mas estive mais certo quanto à sua competidora. Muito antes de Trump surgir, era óbvio que Hillary Clinton só poderia vencer as eleições para presidente por falta de opções. Independentemente de quem fosse seu adversário, o máximo que ela poderia esperar seria uma vitória hesitante. Sua falta de ouvido para a voz da classe média era quase serena. O mesmo se aplicava à maior parte do universo tentacular de consultores, políticos, ex-alunos e amigos que constituíam o «mundo de Hillary». Tamanha era sua fé nas correntes demográficas dos Estados Unidos que eles raramente duvidaram de que sua «coalizão arco-íris» iria levá-la até a linha de chegada. A história estava com eles.

(Uma noção semelhante de destino cegou muitos fãs britânicos da União Europeia no caminho para o Brexit.) Um amigo (em outros assuntos, inteligente) que esperava ter um papel num governo Clinton, insistia comigo que era matematicamente impossível que um republicano chegasse à Casa Branca. Mesmo que a classe média branca desprezasse Hillary, ela ainda assim estaria em menor número. Se demografia é destino, por que gastar energia pensando de maneira inovadora? «Tudo o que Hillary Clinton — ou quem quer que seja o candidato democrata — precisa fazer é marcar um ‹x› nos quadradinhos certos e deixar a demografia fazer o resto», escrevi em 2014.[13] «Essa é a visão de mundo da esquerda norte-americana. É também a medida de sua pobreza intelectual. Seja o que for que os liberais estejam fumando, não se trata de um estimulante de novas ideias». Mas Clinton confiou nos números. No centro de sua máquina eleitoral estavam os gurus dos dados. Os «americanos comuns», como Clinton chamava as classes médias, eram meros acessórios. Eu passei um bom tempo entrevistando líderes de movimentos ultranacionalistas, de seitas e fanáticos de todo tipo pelo globo e nunca encontrei um exemplo de mentalidade de grupo tão fechada quanto a do «mundo de Hillary».

A maldição do conformismo não é exclusiva da classe educada e liberal dos Estados Unidos. De uma maneira ou outra, a mentalidade tecnocrática tomou conta das elites políticas no Ocidente. O falecido cientista político Peter Mair chamava isso de «governar o vácuo».[14] Quanto mais os partidos tradicionais se afastavam das sociedades nas quais estiveram ancorados no passado, maior a indiferença que geravam. Não por acaso, o auge da estabilidade na política partidária do Ocidente coincidiu com as décadas douradas da ascensão das classes médias e das classes trabalhadoras no pós-guerra. Os partidos políticos estavam inseridos

---

13 Edward Luce, «Hillary Clinton's Rickety Bridge to the White House», *Financial Times*, 30 nov. 2014. 2014.

14 Peter Mair, *Ruling the Void: The Hollowing of Western Democracy*. Nova York: Verso, 2013.

nos salões das igrejas, dos clubes de veteranos de guerra e dos sindicatos. Os holandeses chamavam isso de «pilarização». Mas o sucesso dos partidos de centro-esquerda em criar uma via de ascensão social, bem como a abertura da educação superior para famílias operárias por meio de grandes reformas, como o G.I. Bill, criou as condições para o declínio da velha esquerda. Nos Estados Unidos, a parcela de eleitores que se apresentam como independentes vem aumentando há anos.[15] Não se trata de uma medida de equidistância socrática, mas sim, em grande parte, de uma maneira chique de se referir à apatia. Na Europa, a taxa de filiação a partidos políticos está em declínio há uma geração. Em seu pico, no início da década de 1980, quase um décimo dos europeus eram membros pagantes de algum partido político, e isso não inclui os milhões de filiados aos partidos de centro-esquerda por meio de seus sindicatos. Esse número caiu pela metade.[16]

Desde a terceira via na década de 1990, a esquerda começou a deixar para trás os seus velhos hábitos. Os eleitores deixaram de participar de maneira real no processo político: em lugar disso, eles se tornaram consumidores. Mair chamou isso de «democracia do público». Nas eleições gerais britânicas de 1964, a classe trabalhadora foi mais numerosa do que os eleitores com qualificações profissionais numa

---

15 Jeffrey M. Jones. In U.S., New Record 43% Are Political Independents, *Gallup*, 7 de janeiro de 2015.

16 Mair. *Ruling the Void*.

proporção de dois para um. Em 1997, quando o Partido Trabalhista de Tony Blair chegou ao poder de maneira avassaladora, a proporção tinha se igualado. A filiação sindical havia caído pela metade. Somente uma em cada doze pessoas nascidas antes de 1931 possuía um diploma universitário, comparado com duas em cada três nascidas após 1975.[17] A política teve de acompanhar essas tendências. Para Tony Blair, ou para Bill Clinton, teria sido impossível vencer apelando para a velha retórica de mobilização de massa. Em pouco tempo, os grandes partidos começaram a se parecer e a soar uns como os outros. Como diz Jan-Werner Müller, «a terceira via transformou as eleições em uma mera escolha entre Coca e Pepsi».[18] Na cabeça das elites, as eleições passaram de um esquema «perde-ganha» para um «ganha-ganha». Os líderes partidários frequentaram as mesmas escolas e falavam da mesma maneira. Paul Nuttall, líder do Partido da Independência do Reino Unido, colocou a questão da seguinte maneira: «No tempo de Clement Attlee [após a Segunda Guerra Mundial], os deputados do Partido Trabalhista vinham das indústrias, das minas e das fábricas. Os deputados trabalhistas de hoje seguem o mesmo caminho dos Conservadores e Liberais Democratas, eles frequentam escolas privadas, vão para *Oxbridge*, conseguem um emprego no gabinete de algum

---

17 Robert Ford e Matthew J. Goodwin, *Revolt on the Right: Explaining Support for the Radical Right in Britain*. Nova Yorque: Routledge, 2014.

18 Müller, *What is Populism?*.

deputado e, depois tornam-se deputados. Nenhum deles sabe como funciona um clube de trabalhadores».[19]

Por um tempo, o apelo da Terceira Via aos eleitores aspiracionais rendeu dividendos. Depois de mais de uma década no deserto, democratas e trabalhistas voltaram ao poder na década de 1990. Na França, François Mitterrand já tinha realizado esse giro de 180° no começo da década de 1980. Na véspera do milênio, os líderes da Terceira Via, entre eles Clinton e Blair, além de Gerhard Schröder na Alemanha, Lionel Jospin na França e Massimo D'Alema na Itália, reuniram-se numa grande conferência em Florença, um cenário toscano bastante apropriado para tal encontro comemorativo. Por todo o Ocidente, a nova esquerda havia presidido a chegada de uma sociedade sem classes; falava-se de uma era pós-ideológica. A Terceira Via tinha reconstruído a política. Os trabalhadores manuais e operários ainda recebiam atenção da boca para fora. Mas a política escolhida pela nova esquerda era uma forma de antipolítica na qual um «o que quer que funcione» havia aparentemente substituído a ideologia. Abaixo deles, estava o vácuo. «Eu nunca estive envolvido com política», disse Blair à BBC em 2000. «Nunca cresci como político, nem mesmo agora me sinto um político.» Tudo isso estaria muito bem se os trabalhadores manuais e operários tivessem desaparecido; muitos de seus velhos empregos certamente desapareceram. Mas, quando a maré econômica

---

19 Citado por Ford e Goodwin em *Revolt on the Right*.

retrocedeu, em 2008, ficou claro que muita gente estava nadando sem boia. Os que ficaram para trás acabaram parecendo um tanto mais numerosos do que os cosmopolitas supunham. A diferença é que eles já não tinham um partido que falasse por eles. Não foi apenas a economia que os deixou estagnados — os Clinton e os Blair também seguiram em frente. Tendo construído suas carreiras políticas com base no voto aspiracional, os líderes da Terceira Via foram incapazes de encontrar o vocabulário para se comunicarem com os perdedores. Há tempos a nova esquerda se tornou fluente na língua da McKinsey — a língua franca de Davos. Quando me encontrei com Tony Blair, no início de 2016, ele admitiu alegremente que não sabia bem por que a turbulência política estava acontecendo: «Estou falando sério quando digo que não entendo muito bem a política hoje, o que é algo estranho de dizer, já que passei minha vida nisso», afirmou ele.[20]

Isso gerou uma dor de cabeça muito maior para Hillary Clinton do que para Tony Blair, já que ela ainda estava disputando uma eleição. Uma medida da distância entre ela e o humor do país em 2016 foi capturada em um e-mail vazado que elencava suas alternativas para o *slogan* de campanha. A lista causaria mal-estar num publicitário de segunda classe. Dos 84 slogans que sua equipe avaliou, «É a sua vez», «Tempo de um negócio melhor» e «Nossas

---

20 Edward Luce, «Tony Blair warns US Democrats against supporting Bernie Sanders», *Financial Times*, 23 fev. 2016.

famílias, nosso futuro» revelavam uma gestão sem nenhuma chispa. Meus dois favoritos eram «O próximo começa com você» e «Você primeiro, já é hora». Se substituirmos «você» por «eu», teremos uma ideia de como a maioria dos americanos via Hillary Clinton. Isso marcou o ponto-final de uma estratégia eleitoral que já não tinha nada a dizer. A própria Terceira Via havia sido sugada pelo vácuo. Como a malfadada campanha «Permanência» de David Cameron no Reino Unido, Clinton terminou escolhendo «Mais fortes juntos», mas ela não conseguiu explicar o porquê. Parecia mais um jogo de soma demográfica do que uma razão para governar. Enquanto isso, grande parte de sua suposta base — os *millennials* com educação superior — havia desertado para Bernie Sanders. Um meme amplamente difundido cristalizou a visão que os *millennials* tinham de Hillary Clinton: ele mostrava um cartaz falso comparando os dois candidatos quanto à indagação de se comeriam ou não no Olive Garden — uma cadeia genérica de restaurantes populares nos subúrbios. «Só quando estou doidão», diz a legenda de Sanders. «Um autêntico restaurante italiano para toda a família!», diz Hillary. Na eleição presidencial, os *millennials* ficaram em casa aos montes.

Não é que faltassem propostas políticas a Hillary Clinton. Ela tinha propostas aos montes. Mas tratava-se de uma *reductio ad absurdum* de uma tecnocracia exausta. A maioria de suas propostas teria tornado o código tributário dos EUA mais complicado, com minuciosas isenções que apenas os ricos — aqueles que podem pagar contadores — seriam capazes de explorar. Eles seriam os que teriam menos razão para se preocupar. Eis aqui um exemplo típico: em resposta à promessa altamente popular de Bernie Sanders de pagar a mensalidade dos alunos nas universidades públicas, Hillary Clinton apresentou uma contraproposta, que permitiria a alunos já formados que criaram *startups* adiar o pagamento de suas dívidas estudantis durante três anos. Sua dedução tributária também se estenderia aos primeiros vinte empregados da empresa. Ela também prometeu o perdão de empréstimos até um teto de $ 17.500 para alunos já formados que criassem empresas em «comunidades carentes» ou para «empreendimentos sociais que criem impactos sociais mensuráveis».[21] É difícil imaginar como a talentosa equipe de Hillary Clinton conseguiu criar tamanha confusão, e com tamanha precisão. Por que $ 17.500 em vez de $ 20.000? Por que um teto de vinte empregados, e não trinta? E quem mediria o «impacto social» da *startup*? Sanders lançara o desafio ao prometer mensalidades gratuitas a todos. Hillary Clinton respondeu com o perdão moderado a certo tipo de bom cidadão que tinha tempo para protocolar o pedido enquanto trabalhava dia e noite para começar um negócio — e num bairro difícil! Seu site listava planos para resolver 41 problemas, cada um contendo múltiplos subplanos

---

21 Julia Carrie Wong e Danny Yadron, «Hillary Clinton proposes student debt deferral for startup founders», *The Guardian*, 29 jun. 2016.

para resolver múltiplos subproblemas.[22] Havia até mesmo um plano para proteger os interesses de cães, gatos e cavalos. Manifestos desidratados podem ser o suficiente para as Nações Unidas, mas não inspiram o eleitorado. Eu poderia retomar o restante do programa de Hillary, mas isso de pouco serviria, pois até especialistas em políticas públicas perderam o interesse.

Quanto mais a tecnocracia se aliena, mais ela apela para o controle remoto. O subtexto da campanha de Hillary Clinton foi o de que ela era o arauto de uma nova América, na qual os brancos estavam rapidamente se tornando minoria. A adaptação a esse mundo multicultural exigiria uma revisão de nosso vocabulário — um crescente léxico de correção política. O movimento nas universidades para criar «espaços seguros», protegidos de «microagressões», e publicar «advertências» (*trigger warnings*) em textos literários encontrou seu eco máximo na campanha de Clinton. No entanto, a visão da «demografia como destino» baseia-se em premissas altamente duvidosas. O censo oficial projeta que os Estados Unidos irão se tornar um país de maioria das minorias em 2044, quando os brancos serão menos da metade da população.[23] Mas isso é só porque Washington classifica os hispânicos como não brancos, uma

---

22 Disponível em: <https://www.hillaryclinton.com/issues/>.

23 William H. Frey, «New Projections Point to a Majority Minority Nation in 2044», *Brookings Institution*, 12 dez. 2014.

mudança ocorrida na virada do milênio. Até então, sul-americanos, porto-riquenhos e cubanos, por exemplo, apareciam separadamente no censo e podiam escolher sua etnia. Mas há um probleminha nos dados, que contradiz o triunfalismo minoritário da esquerda: mais da metade dos hispânicos dos Estados Unidos afirmam de maneira consistente que preferem referir-se a si mesmos como brancos.[24] Não se trata apenas de uma batalha abstrata a respeito de classificações. Isso quer dizer que muitos daqueles definidos como hispânicos não estão mais inclinados a serem naturalmente eleitores democratas do que os «brancos» (outra designação discutível). Isso explica por que muitos hispânicos não reagiram de forma muito diferente da maioria dos brancos à promessa da construção do muro feita por Donald Trump. Os mexicanos-americanos se sentiram visceralmente discriminados por Trump. Mas há poucas evidências que demonstrem que imigrantes legais de outros países de língua espanhola se sentiram mais indignados do que os demais eleitores. Por que o *establishment* democrata apostaria mais na lealdade deles do que aposta na dos brancos? A resistência a esse ajuste estatístico forçado poderia explicar por que uma proporção maior de hispânicos votou

---

24 «The Hispanic Population», *US Census*, 2010. Disponível em: <https://www.census.gov/prod/cen2010/briefs/c2010br-04.pdf>.

em Donald Trump do que em Mitt Romney em 2012.[25]

Se acreditássemos na palavra dos hispânicos e tratássemos mais da metade deles como brancos, os Estados Unidos permaneceriam um país de maioria branca pelo menos até a década de 2050 — e, possivelmente, por um prazo indefinido. Os descendentes de italianos e irlandeses só foram aceitos pela sociedade dominante após a Segunda Guerra Mundial. Foram necessárias apenas algumas décadas para que eles passassem de confiáveis eleitores étnicos dos democratas ao núcleo separatista dos «democratas de Reagan» que redefiniram a política norte-americana. Não há razão para pensar que os «hispânicos» irão se comportar de maneira diferente. O mesmo poderia ser dito da mais recente categoria étnica, os chamados MENAs,[26] que o governo Obama aprovou pouco antes de deixar o poder.[27] Com uma canetada, a Casa Branca criou 10 milhões de novos não brancos. Uma vez mais, a medida demonstrou um comichão tecnocrático de colocar as pessoas em currais. Cristãos libaneses e turcos secularistas podem ter menos em comum com sudaneses muçulmanos do que com brancos. No entanto,

---

25 Harry Enten, «Trump Probably Did Better With Latino Voters Than Romney Did», *FiveThirtyEight*, 18 de novembro de 2016.

26 Sigla em inglês para imigrantes oriundos do Oriente Médio e do norte da África. (N. T.)

27 Amitai Etzioni, «Adding Census Categories Won't Unite a Divided America», *National Interest*, 8 jan. 2017.

da noite para o dia eles passaram a poder se beneficiar das mesmas ações afirmativas que outras minorias para entrar na universidade. O mundo de Hillary estava dessensibilizado para entender como esse jogo de favoritismo caía mal com os brancos sem curso universitário, ainda o maior bloco eleitoral dos Estados Unidos e que continuarão a sê-lo por um algum tempo. Poucas semanas antes da eleição, Hillary Clinton afirmou que metade deles pertencia a «um grupo de gente deplorável», cujos preconceitos raciais terminariam por levá-los à lata de lixo da história. Em seu discurso de concessão da derrota — no mais, cordial —, Hillary enumerou todos os norte-americanos que contribuíram para a sua coalizão, o que incluía «pessoas de todas as raças e religiões», «imigrantes», «pessoas LGBT» e «pessoas com deficiências». Sua lista não se estendeu ao sujeito da caminhonete ou ao trabalhador braçal. Eles tinham sido esquecidos.

O fracasso em diagnosticar as razões da derrota de Hillary Clinton apenas tornará mais provável a reeleição de Trump. Após a eleição, em um abrasador artigo para o *New York Times*, o professor da Universidade de Columbia Mark Lilla defendeu o fim do «liberalismo identitário». A esquerda norte-americana havia «escorregado para uma espécie de pânico moral a respeito da identidade racial, sexual e de gênero que distorceu a mensagem do liberalismo», escreveu ele.[28] Além disso, se a representante dos

....

28 Mark Lilla, «The End of Identity Liberalism», *The New York Times*, 18 nov. 2016.

democratas insistia em nomear diferentes grupos em seus comícios, ela deveria mencionar a todos, ou então aqueles deixados de fora iriam se ressentir. Lilla também discordou da autópsia que os liberais fizeram da derrota de Hillary Clinton, e que lançou a culpa sobre uma reação branca de forte conteúdo racial contra a América multicultural — um veredicto em desacordo com as motivações reveladas por muitos eleitores de Trump. «Isso [a autópsia] é conveniente porque sanciona uma convicção de superioridade moral», escreveu Lilla. «Ela também incentiva a fantasia de que a direita republicana está condenada à extinção demográfica no longo prazo, o que quer dizer que os liberais só têm de esperar o país cair em seu colo.» Como professor de ciências humanas em Manhattan, Lilla possui impecáveis credenciais liberais. No entanto, um colega em Columbia escreveu uma resposta ao artigo, acusando-o de ser um supremacista branco. Lilla, porém, estava em território seguro. O fascismo é baseado em direitos grupais, a democracia liberal é fundada em direitos individuais.[29]

O futuro da democracia ocidental parece sombrio caso a política norte-americana se enrijeça em dois campo raciais hostis. Donald Trump alimenta de maneira consciente os sentimentos racistas, e deu um tremendo impulso à minoria *alt-right* de neonazistas e nacionalistas brancos. Mas considerar todos os que votaram nele como intolerantes só vai tornar seu

---

29 «Columbia Professor says democrats must move beyond identity politics», *NPR*, 25 nov. 2016.

trabalho mais simples, além de não ser correto. Milhões de pessoas que apoiaram Trump em 2016 votaram em Barack Obama em 2008. Eles se tornaram deploráveis de repente? Uma explicação melhor seria a de que diversos tipos de americanos há muito se sentem alienados de um *establishment* que rotineiramente marginaliza suas reivindicações econômicas. Em 2008, os Estados Unidos escolheram alguém de fora do sistema, um afro-americano quase sem experiência na política nacional. Obama oferecia esperança. Em 2016, escolheram outra pessoa de fora do sistema, sem experiência política alguma. Trump era um canal para a raiva. Para ser claro: Trump é uma ameaça mortal às qualidades mais preciosas dos Estados Unidos. Mas, ao priorizar a política de identidade étnica em detrimento do interesse coletivo das pessoas, a esquerda norte-americana ajudou a criar o que temia. O choque de interesses econômicos se refere a trocas e compromissos relativos. A política étnica é um jogo de absolutos. Em 1992, Bill Clinton venceu por uma maioria esmagadora entre eleitores brancos sem curso superior. Em 2016, a maioria desses eleitores havia desertado. Ao afirmar que tal deserção aconteceu por motivos raciais, os liberais estão sinalizando que não querem esses eleitores de volta. «Os liberais deveriam ter em mente que o primeiro movimento identitário na política norte-americana foi a Ku Klux Klan, que ainda existe», escreveu Lilla. «Aqueles que jogam o jogo identitário devem estar preparados para perder».[30]

De uma forma ou de outra, essa atitude temerária agora ameaça quase todas as democracias ocidentais. Uma dialética sinistramente parecida teve lugar na Grã-Bretanha durante o referendo do Brexit, em 2016. Certa vez, Winston Churchill brincou que os Estados Unidos e a Grã-Bretanha eram divididos por uma língua em comum; hoje em dia, trabalhadores não especializados de ambos os lados do Atlântico estão falando a mesma língua. Eles anseiam a segurança de uma era que se perdeu. Da mesma forma que os Estados Unidos acreditavam ter entrado em uma era pós-racial, a Grã-Bretanha convenceu-se de que havia se tornado uma sociedade sem classes. Com a mesma naturalidade com que Hillary Clinton proferiu seu comentário sobre os «deploráveis», David Cameron dispensou o UKIP[31] como sendo «um bando de efeminados, malucos e racistas enrustidos». Tratava-se de um exagero, e de um exagero contraproducente. Os britânicos que ficaram para trás estão tão alienados da política quanto seus pares norte-americanos, senão mais. As elites de Londres têm origem em um círculo muito menor do que as de Washington. O que ampliou o apoio ao UKIP para além das franjas da sociedade foi seu desdém pelas elites que governam a Grã-Bretanha. «Eles não aguentam mais os fantoches carreiristas em

---

30 Lilla, The end of identity liberalism.
31 Partido de Independência do Reino Unido, cuja sigla em inglês é UKIP. (N. T.)

Westminster», afirmou Nigel Farage, ex-líder do UKIP, sobre a base eleitoral de seu partido. «Os políticos genéricos, do tipo 'encontre a diferença', em luta desesperada pelo centro, mas que não encontram sequer o centro. Viciados em pesquisas qualitativas. Trianguladores. Demagogos. Os políticos que não ousam dizer o que querem dizer».[32] As elites britânicas centradas em Londres adquiriram o hábito de compartimentalizar os sinais de uma reação. A dissonância cognitiva é uma coisa poderosa. Muito antes do referendo de 2016, havia vários sinais de que o mal-estar britânico era muito mais profundo do que sugeriam os gestos grotescos de alguns extremistas. Na eleição geral de 2001, a participação eleitoral britânica caiu ao recorde histórico de apenas 59%. Isso deveria ter feito os alarmes dispararem. Grande parte da queda deveu-se à crescente apatia entre os eleitores da classe operária, que sentiam que o Partido Trabalhista dedicava mais energia à promoção do multiculturalismo do que à busca de soluções para os seus problemas. Era fácil deixar essas reclamações de lado acusando-as de racistas. Mas a imigração havia disparado, passando de cerca de 300 mil por ano na década de 1990 para mais de meio milhão em meados da década de 2000. Na virada do século, apenas 11% dos eleitores britânicos classificaram a imigração como uma preocupação importante. Uma década mais tarde, esse

---

[32] Na Conferência Anual do UKIP de 2013. Sean Clare, «Nigel Farage: UK would prosper outside EU», BBC *News*, 18 set. 2013.

número havia saltado para um terço. Quase uma em cada sete pessoas morando hoje na Grã-Bretanha nasceu no estrangeiro, a mesma proporção dos Estados Unidos. Em muitos distritos, o aumento sobrecarregou a provisão de habitações populares, vagas escolares e outros recursos escassos. Quando Gordon Brown encontrou-se com uma eleitora durante as eleições de 2010 e ela se queixou do problema da imigração, ele chamou-a de «mulher intolerante». O comentário privado foi captado pelo microfone que ele ainda estava usando. Poucas semanas depois, o Partido Trabalhista estava fora do poder. Cameron foi eleito com a promessa de um teto de 100 mil pessoas por ano para a imigração, uma promessa que não cumpriu. No ano anterior à votação sobre o Brexit, a entrada ultrapassou em três vezes essa cifra. Sucessivos governos nos EUA prometeram assegurar as fronteiras do país, algo que raramente fizeram. O histórico da Grã-Bretanha é um pouco diferente. Cedo ou tarde os partidos do establishment pagariam um preço por tratarem grandes fatias do eleitorado como «intolerantes».

Mas, de qualquer forma, eles estavam certos ao fazê-lo? Os rumores sobre a morte do preconceito racial sempre foram exagerados. No entanto, o racismo não é a principal causa da ascensão do populismo no Ocidente. O UKIP sem dúvida atrai muitos votos racistas, e usa de maneira inteligente uma linguagem com insinuações racistas. Contudo, isso não significa que todos os que votam no partido sejam racistas. Também é prudente não ir longe demais.

Quando, na década de 1990, Farage e seus colegas discutiram qual seria o melhor nome para seu partido, eles rejeitaram a palavra «britânico», já que ela coincidia com o abertamente racista «Partido Nacional Britânico (PNB)».[33] Farage se refere ao PNB como «Partido Nocivo Britânico».[34] Ele destacou que muitos dos eleitores do UKIP tinham idade suficiente para se recordarem da Segunda Guerra Mundial e que haviam sido alérgicos ao fascismo por toda a vida. Quando Theresa May, então ministra do Interior, montou um projeto piloto para prender imigrantes ilegais, ele criticou seus métodos, dizendo que eram «nefastos» e que «não eram a maneira britânica de fazer as coisas». O UKIP opõe-se oficialmente à «imigração maciça ilimitada», mas, em grande medida, o partido tem se concentrado em impedir que a Grã-Bretanha se transforme numa «província do superestado da União Europeia». Apenas durante a campanha do Brexit o partido apoiou a xenofobia escancarada, com seus cartazes sobre o «ponto de ruptura», mostrando hordas de imigrantes muçulmanos atravessando a fronteira. Isso não impediu uma parcela significativa do eleitorado não branco — especialmente asiáticos britânicos — de votar a favor de uma saída do bloco europeu. Muitos deles também se queixavam de terem sido prejudicados pelos recém-chegados.

A direita populista só começou a se dar bem de verdade nas urnas depois que começou a

---

33 Ford e Goodwin, *Revolt on the Right*.

34 Ibid.

roubar a roupagem da esquerda. Em cada um dos casos, incluindo o de Donald Trump, os populistas romperam com a ortodoxia de centro-direita para defender a rede de proteção social estatal. Isso é o que a velha esquerda costumava prometer e, em grande medida, implementar (pode-se dizer que implementava em excesso). Tratava-se do acordo implícito das modernas democracias ocidentais. Na maioria dos países, incluindo os EUA, tal acordo assumiu a forma de uma previdência social. O elo entre os deveres da cidadania e o direito de auferir benefícios era uma espécie de contrato social. Até mesmo na relativamente generosa Suécia, os futuros aposentados deveriam trabalhar durante quinze anos antes de receberem sua aposentadoria.[35] O fato de a imigração começar a aumentar no exato momento em que o valor desses benefícios começou a ser corroído foi uma infeliz coincidência. Tratou-se de um duplo golpe: os mesmos governos que cortavam os pagamentos da seguridade social também permitiam que os recém-chegados entrassem no sistema. Isso ofendeu o senso de justiça das pessoas. «Você não pode cortar gastos com benefícios sociais e, simultaneamente, ampliar o acesso a tais benefícios», afirma Francis Fukuyama. «Cedo ou tarde, algo tem de ceder».[36]

---

35 «Social Insurance in Sweden.» *Government Offices of Sweden.*

36 Entrevista com o autor, janeiro de 2017.

Os acadêmicos chamam isso de «chauvinismo do bem-estar social».[37] Somente após compreender sua importância, a direita europeia começou a decolar. O UKIP começou como um partido anti-impostos e a favor da redução do Estado. Sua votação raramente ultrapassava 1%. O partido ficou conhecido como o lar dos conservadores insatisfeitos dos «Home Counties».[38] Hoje, ele é um caloroso defensor do Serviço Nacional de Saúde (SNS), com redutos em áreas operárias do Norte da Inglaterra e das Midlands.[39] A alegação categórica (ou, para ser mais preciso, a mentira categórica) do UKIP de que a saída da Europa liberaria £ 350 milhões por semana para serem gastos no SNS («um novo hospital por semana») pode ter sido decisiva para a definir o resultado do referendo.

Na Europa continental, quanto mais generoso o sistema de proteção social, mais amarga a reação contra os imigrantes. O Partido do Povo Dinamarquês recebe hoje mais de um quarto do voto da classe trabalhadora do país, antigamente fiel à social-democracia. Na Holanda, o Partido pela Liberdade, de Geert Wilder, recebe uma proporção ainda maior. (Por mais que as pessoas tenham celebrado de maneira

---

37 Takis S. Pappas, «Distinguishing Liberal Democracy's Challengers», *Journal of Democracy*, 27:4, out. 2016) , p. 27.

38 Literalmente, «Condados Domésticos», aqueles que circundam a cidade de Londres. (N. T.)

39 Literalmente, «Terras Médias, ou Intermediárias», região geográfica do centro da Inglaterra. (N. T.)

prematura a derrota do candidato do Partido da Liberdade Austríaco em dezembro como um golpe contra o populismo, o mau segundo lugar do Partido pela Liberdade de Wilder veio com um gosto amargo. Todo o espectro político tinha se movido na direção da agenda islamofóbica de Wilder.) O Front Nacional francês costumava falar para os fazendeiros e pequenos empresários da *France profonde*, que se opunham a impostos elevados. Após Marine Le Pen ter assumido a liderança da legenda, ela transformou-a em um partido das classes trabalhadoras. Em uma pronunciada ruptura com seu pai, negador do holocausto, Le Pen criou para si a imagem de defensora do contrato social francês contra a «ocupação islâmica» — uma expressão que evoca imediatamente a ocupação nazista. «A solidariedade nacional é para os nacionais», afirmou ela.[40] Le Pen conhece o seu eleitorado.

Donald Trump também conhece o seu. Ele foi o primeiro candidato republicano à Presidência a prometer um aumento nos gastos com Seguridade Social, *Medicaid* e *Medicare*.[41] Com isso, Trump mostrou ser um tipo de conservador bem diferente de todos os demais. Para os republicanos, é um ritual prometer cortes nos gastos sociais, como Bush tentou fazer e fracassou. Não há muitos americanos pobres,

---

40 Pappas, «Distinguishing Liberal Democracy, Challengers», p. 30

41 Programas de saúde do governo norte-americano dirigidos, respectivamente, aos cidadãos de baixa renda e aos idosos. (N. T.)

brancos ou negros, que concordariam com isso. Certa vez, George W. Bush brincou perante um público de ricaços num jantar: «Esta é uma plateia impressionante — o grupo dos ‹tenho› e o dos ‹tenho ainda mais›. Algumas pessoas chamam vocês de ‹elites›. Eu os chamo de minha base eleitoral». Ele estava brincando. Trump estava falando muito sério quando disse: «Eu amo as pessoas de baixa escolaridade». Eles são a *sua* base eleitoral. Em 2016, pela primeira vez na história dos EUA, a maioria dos eleitores que votaram num candidato republicano não tinha curso superior.[42] Nem todos eram brancos.

Gostamos de imaginar que nossas democracias se baseiam num comprometimento geral com princípios. Sob alguns aspectos, isso é verdade. Mas, quando o crescimento desaparece, nossas sociedades revelam uma outra face. Sem um crescimento mais elevado, o retorno da política racial parece fadado a continuar. Nossa capacidade de conter tal tendência pode não ser tão sofisticada quanto pensávamos. A batalha também é geracional. Em 2016, tanto nos EUA quanto no Reino Unido, eleitores urbanos, mais jovens e racialmente diversificados não tiveram o mesmo comparecimento às urnas que eleitores rurais, mais velhos e mais brancos. Essas são algumas das profundas divisões que décadas de um crescimento distribuído de maneira mais equilibrada foram capazes de suavizar. Após a votação do Brexit, muitos

---

42 Alec Tyson e Shiva Maniam, «Behind Trump's victory: Divisions by race, gender, education», *Pew Research Center*, 9 nov. 2016.

comentaristas britânicos especularam abertamente sobre a possibilidade de restringir o direito ao voto daqueles que não viverão para ver as consequências de suas decisões. Votar deveria ser como dirigir: quando sua aptidão diminui, você perde a carteira de habilitação. Isso não foi dito totalmente de brincadeira.

Mais sérios têm sido os esforços para suprimir o direito democrático ao voto em muitos estados norte-americanos, especialmente entre afro-americanos, chegando a uma intensidade desconhecida desde o tempo do movimento pelos direitos civis. Trump tornará isso drasticamente pior. Em termos do Iluminismo, nossas democracias estão passando do contrato social de John Locke para um mais sombrio Leviatã de Thomas Hobbes. Estamos em uma trajetória ameaçadora, provocada pela ignorância de nossa história, pela indiferença perante os perdedores da sociedade e pela complacência acerca da força de nossa democracia. Ela ajudou a transformar a sociedade numa luta de ressentimentos étnicos, onde «brancos despertos» — como a *alt-right* os chama agora — são, de longe, a minoria mais numerosa.

Durante décadas, o escritor francês Didier Eribon escondeu sua origem humilde. Em algum momento de sua criação nos cinzentos conjuntos habitacionais que circundam Reims, ele percebeu que era diferente do restante de sua família. Seu pai era um operário de fábrica que havia largado a escola aos catorze anos de idade, como a maior parte da classe trabalhadora na França do pós-guerra. Sua mãe era faxineira. O apartamento da família era velho.

Eribon passava «noites intoleráveis» sentado em frente à TV em preto e branco assistindo a partidas de futebol. Periodicamente, seu pai frequentava a escola noturna para tentar melhorar suas qualificações, mas estava sempre cansado demais para fazer os deveres de casa. Com um suspiro familiar, ele empurrava os papéis para o fundo da gaveta, «onde guardava seus sonhos despedaçados». À medida que a vida avançava, ele se tornava cada vez mais explosivo, gritando diante da menor provocação. Certa vez, atacou a mãe de Eribon com uma faca de cozinha. Eribon passou a odiar o pai.

A religião não teve um papel importante em sua infância. Como a maioria dos vizinhos, os Eribon eram anticlericais militantes. De vez em quando, sua mãe usava a igreja local como creche, mas seus pais nunca iam à missa. Eles viam o cristianismo como o ópio das massas. Sua única concepção de comunidade era uma concepção política. A consciência de classe na vizinhança era intensa. Eribon dividia o mundo em dois campos: os que eram a favor dos trabalhadores e os que eram contra. Todos votavam no candidato do Partido Comunista em todas as eleições. Quando, como de costume, o candidato comunista não chegava ao segundo turno das eleições presidenciais — o pico do partido foi 21% dos votos em 1977 —, eles apostavam nos socialistas. «Nós explodíamos de raiva ao saber que o partido da direita havia vencido uma vez mais», diz Eribon. Em política externa, inevitavelmente apoiavam os soviéticos contra os americanos. Eles não eram fãs de Charles de Gaulle. Essa foi a infância de Eribon. A política era uma cola que unia as pessoas. «Votar era participar de um importante momento de autoafirmação», escreve ele em seu extraordinário livro de memórias, *Retorno a Reims*.[43] «Era um momento que afirmava a nossa importância política.»

À medida que crescia, Eribon descobriu uma «região interior» em si, bastante diferente do que esperavam que ele fosse. Em sua mente, ele se redefiniu como um adolescente gay, em lugar do «filho de um operário». Também desenvolveu uma paixão pela leitura. Como budista, sua lista de leituras era bastante abstrata. Obras de Montaigne, Kant, Balzac e Aristóteles ficavam ao lado de sua cama. A exigência de obras como *A dialética do concreto* competia com as escapadas furtivas de Eribon para as ruas que ficavam detrás da estação de trens, e que eram frequentadas por homens gays. De vez em quando, ele levava uma surra. A sua família já não se identificava com ele. «Você fala como um livro», dizia seu pai. Tecnicamente, as posições políticas de Eribon permaneciam as mesmas dos demais. Mas, quanto mais desdenhava a realidade de sua vida familiar, mais ele idealizava as classes trabalhadoras. Ele preferia as teorias marxistas sobre as «formas espontâneas de conhecimento» da classe trabalhadora à sombria pobreza cultural de todos à sua volta. Certa vez, quando levou para sua casa um amigo trotskista, eles deram um nó em seu pai ao discutir política. Depois de o

---

43 Didier Eribon, *Retorno a Reims*. Trad. Cecilia Schuback. Belo Horizonte/Veneza: Âyiné, 2020.

amigo ter ido embora, o pai de Eribon protestou contra os estudantes de esquerda que estão sempre dizendo aos trabalhadores o que eles têm de fazer. «Daqui a dez anos, eles vão voltar dando ordens», disse ele. Sentindo apenas desprezo por seu pai, Eribon partiu para estudar em Paris aos dezenove anos de idade e nunca mais voltou a vê-lo. Quando sua mãe ligou, 35 anos depois, para dizer que seu pai estava morrendo, ele não conseguiu visitá-lo em seu leito de morte.

Eribon ficou famoso na década de 1980 com uma elogiadíssima biografia de Michel Foucault, o filósofo pós-estruturalista da França do pós-guerra cuja obra sobre o diagnóstico dos loucos e as fronteiras que a sociedade erigiu ao redor das doenças mentais lançou luz sobre as patologias do que era considerado normal. A Paris intelectual das décadas de 1970 e 1980 era o lugar perfeito para se assumir gay. Os amigos de esquerda de Eribon não estavam interessados na verdadeira classe trabalhadora, que, como seu pai, era homofóbica e misógina. Depois de o governo François Mitterrand ter trucidado o Partido Comunista no início da década de 1980 e movido o socialismo francês para a direita, Eribon perdeu interesse na política de sua juventude. Solidariedade tornou-se um termo morto. Liberação pessoal era o novo mantra. O termo classe perdeu até mesmo sua importância. Nesse mundo diferente, a gente de Eribon era conhecida simplesmente como «marginalizada». Eles iriam desaparecer na história. Enquanto isso, Eribon sentia vergonha de seu passado. «Com frequência, eu me pegava mentindo… sobre minhas origens de classe, ou me sentindo constrangido ao admitir diante deles de onde eu vinha», escreve ele. «Eu me fechei no que poderia ser chamado de um «armário de classe»».

Vez ou outra, ele era puxado de volta a suas raízes por um comentário aleatório de algum de seus amigos burgueses. Eribon tinha dificuldade em esconder o desprezo que sentia pela pose que eles faziam nos recitais de música em Paris. Ao contrário dele próprio, eles tinham sido ensinados a ouvir. Para ser mais preciso, eles tinham aprendido a maneira de aparecer perante os outros enquanto ouviam. Todos fingiam «estar numa espécie de devaneio inspirado» quando, na verdade, estavam tão aborrecidos com a música quanto ele. Suas observações me lembraram as de J. D. Vance, escritor caipira cuja namorada teve de corrigir a maneira como ele comia ao mesmo tempo que ele se inscrevia na Universidade de Princeton. Ela teve de dizer para ele comer de boca fechada, e, quando lhe ofereceram um copo de água com gás, «eu dei um gole e, literalmente, cuspi tudo.»[44] Como explica Eribon, é apenas «ao atravessar a fronteira» — a linha entre dois mundos radicalmente diferentes — que você se dá conta do escasso capital social que possui. As vantagens de ser criado no lado certo dos trilhos são por demais implícitas para serem enumeradas. Apenas os poucos que escaparam são capazes

....

44 J. D. Vance, *Hillbilly Elegy: A Memoir of a Family and Culture in Crisis*. Nova York: Harper, 2016.

de compreender a total impotência daqueles que ficaram para trás.

Após a morte de seu pai, Eribon finalmente voltou a Reims. Um amigo de Paris perguntou se ele estaria presente no momento em que o testamento seria lido. Isso lhe mostrou a dimensão do abismo que havia atravessado. «O que eles [a sua família] poderiam deixar para alguém?», pensou ele. Eribon descobriu que pouco havia mudado. Sua mãe ainda limpava casas. Um de seus irmãos ainda trabalhava como açougueiro, o outro ainda era policial. E, no entanto, tudo havia mudado. Eles já não votavam nos comunistas. Sua nova igreja política era o Front National de Marine Le Pen. A mãe de Eribon queixou-se de «enxames» de crianças do Norte da África em suas escadas, e dos ruídos e odores estranhos que chegavam a seu apartamento. A palavra classe podia ter sido abolida, mas seus antigos ocupantes ainda existiam. Eles tinha apenas transferido sua lealdade coletiva. Em lugar de trabalhadores contra burgueses, agora era franceses contra estrangeiros. «Direita ou esquerda, não existe diferença», disse a mãe de Eribon quando ele reprovou seus novos hábitos eleitorais. «As mesmas pessoas acabam sempre pagando a conta.» A grande diferença é que agora eles tinham alguém para desprezar. Mas o choque lentamente se transformou num reconhecimento relutante das dificuldades pelas quais a família havia passado. Ele também se lembrou da previsão de seu pai sobre os estudantes de esquerda voltando em dez anos e dizendo a eles o que deveriam fazer. Aquelas mesmas pessoas estavam agora no comando das universidades, do governo e das grandes fábricas e tinham se transformado nos defensores de um mundo perfeitamente adaptado ao que elas haviam se tornado. «Hoje em dia», pergunta Eribon, «como é possível pensar que meu pai estava errado?»

Um fim de semana, ele levou sua mãe a Paris. Ela vagou pelas ruas, encarando as pessoas como se tivesse pousado em Marte. Dizem que o passado é outro país; isso certamente era verdade para Eribon. Mas, para sua mãe, o presente era o estrangeiro. Apesar de ainda evitar a igreja, sua nova referência era Joana D'Arc, o símbolo do Front Nacional. Enquanto isso, Eribon descobriu que seu pai não se envergonhava dele de modo algum. Uma noite, ao assistir o filho falando num programa nacional de TV sobre ser gay, seus olhos se encheram de lágrimas ao perceber que alguém na família tinha feito algo da vida. Ele ameaçou dar uma surra em qualquer um no bairro que falasse algo negativo sobre a sexualidade do filho. Foi somente após a morte do pai que Eribon finalmente abandonou a raiva e permitiu que a dor entrasse. «Me arrependi de não ter tentado entendê-lo, de não ter, em algum momento, tentado falar novamente com ele. Me arrependi de ter permitido que a violência da sociedade triunfasse sobre mim, como triunfou sobre ele.» Eribon também saiu, por fim, de seu armário de classe. Ele despreza o neofascismo francês, mas entende melhor por que pessoas como sua mãe perderam-se em sua órbita: «Por mais paradoxal que isso possa parecer, estou convencido de que o voto no Front National deve ser interpretado, ao menos em parte, como o último recurso dos meios populares para defender a identidade coletiva, e em todo caso uma dignidade que sentiam sempre espezinhada, e agora também por aqueles que outrora os haviam representado e defendido.»[45]

A história de Eribon trata do divórcio entre a elite da esquerda e as classes trabalhadoras. Essas elites eram aquilo que Marx chamou de «vanguarda do proletariado», os burgueses iluminados que liderariam a revolução. Hoje em dia, Lênin estaria dando aula de estudos culturais na Sorbonne. Qualquer traço de romantismo marxista foi deixado para trás, assim como os nomes. «Classe operária» foi suplantado por «os que ficaram para trás». Antigamente idealizados, eles são agora denegridos. Mas os elitistas de esquerda apenas trocaram um mito por outro. Não há nada de novo no populismo da classe trabalhadora. Ele pode ir por muitos caminhos, dependendo da situação. A ascensão populista nos Estados Unidos no fim do século XIX produziu tanto a Ku Klux Klan quanto o imposto de renda progressivo. O grande defensor deste último, William James Bryan, lutou pelo homem comum que estava sendo «crucificado numa cruz de ouro». Seus seguidores odiavam «os plutocratas, os aristocratas e todos os outros ratos».[46] Bryan terminou sua carreira arguindo contra a

---

45 Eribon, *Retorno a Reims*.
46 Citado em Müller, *What is Populism?*

teoria da evolução como promotor no famoso julgamento do macaco de Scopes.

Eribon podia estar falando dos que ficaram para trás em qualquer democracia ocidental. Após a vitória de Trump, um termo da Grécia Antiga retornou de súbito à prática da língua inglesa: *demophobia* — literalmente, medo da multidão. O que ele denota é a hesitação a respeito da democracia. A ascensão de Trump trouxe à tona o tecnocrata liberal em muita gente. «Eu amo a América. O que odeio são os americanos», escreveu Tim Kreider, ensaísta e cartunista, semanas após a vitória de Trump.[47] «Eles são ridiculamente burros e crédulos, consumidores acríticos de qualquer desinformação que confirme suas inclinações, otários fáceis para qualquer demagogo que prometa trazer as fábricas de volta e manter o povo de pele marrom em seu lugar... Mas eu não acredito que todos os eleitores de Trump são ignorantes, ou preconceituosos; a maioria é apenas má; maldade definida não como algo tão glamoroso como decapitar jornalistas ou fuzilar alunos do ensino médio, mas simplesmente como ignorar o sofrimento das outras pessoas.» A mudança de vocabulário da era Trump também inclui uma palavra de cunhagem mais recente: *oikophobia*, literalmente, uma aversão ao entorno doméstico. Na realidade, ela significa o medo de seu próprio povo — o contrário de xenofobia. O termo foi inventado pelo filósofo conservador Roger Scruton para

---

47 Tim Kreider, «I love America. It's Americans I hate», *The Week*, 9 jan. 2017.

descrever os elitistas globais que temem as massas provinciais e desprezam suas lealdades nacionais. «O oikofóbico é, a seus próprios olhos, um defensor do universalismo iluminista contra o chauvinismo local», afirmou Scruton.[48] Só a palavra é novidade. Nos EUA, os brancos pobres sempre foram uma classe à parte, superior apenas aos escravos e seus descendentes. De certa maneira, os degenerados das Montanhas Smoky e dos pântanos eram considerados inferiores aos escravos. Na realidade, acredita-se que o termo *redneck*[49] tenha sido cunhado por escravos. Como dizia a letra da canção rural: «Eu prefiro ser nego puxando arreio/ que jeca branco cos pescoço vermeio».[50] De modo variado, eles já foram chamados de labregos, gentalha, caipiras, comedores de barro, degenerados, pretos do avesso e lixo de trailers. O termo «lixo branco» existe há dois séculos e ainda é muito usado.

Os Pais Fundadores dos Estados Unidos tinham em mente esse tipo de gente quando conceberam a constituição do país. Seu objetivo era

---

48 Roger Scruton, *A Political Philosophy*. Londres: A. & C. Black, 2006, p. 25. [Ed. bras.: Uma filosofia política. Trad. Guilherme Ferreira Araújo. São Paulo: É Realizações, 2017.]

49 Termo pejorativo usado para se referir a brancos pobres, originalmente da zona rural, que ficavam com os pescoços vermelhos (*rednecks*) por trabalharem ao sol. (N. T.)

50 Citado por Nancy Isenberg em *White Trash: The 400-Year Untold History of Class in America*. Nova York: Viking, 2016.

evitar a volta da tirania de Jorge III, dessa vez sob a capa de uma «tirania da maioria», como colocou Tocqueville. «Um despotismo eletivo não foi o governo pelo qual lutamos», afirmou Thomas Jefferson. Entre os três poderes dos Estados Unidos, apenas metade de um — a Câmara dos Deputados — previa eleição direta pelo povo. A Presidência e o Senado democratizaram-se apenas de maneira gradual. A constituição dos EUA incubaria uma «aristocracia natural de talentos», segundo a visão de Jefferson. Longe de ser democrática, essa engenhosa gambiarra foi planejada para deixar o povão de fora. Ao explicar a anomalia de ter um dos poderes constituído por representantes democraticamente eleitos, um dos signatários do documento da Filadélfia explicou que eles haviam erguido «a pirâmide federal a uma altura considerável, e por essa razão desejavam dar a ela a base mais ampla possível».[51] Levou muitas décadas até o sufrágio chegar à maioria dos homens brancos, e, mesmo então, apenas por acidente. Os fundadores da pátria estabeleceram o limite de «proprietários de quarenta xelins»,[52] mas se esqueceram de indexá-lo à

---

51 Citado por Bernard Crick em *Democracy: A Very Short Introduction*. Oxford: Oxford University Press, 2012.

52 De acordo com os critérios censitários de voto, apenas eram qualificados como eleitores os proprietários rurais (*freeholders*) cuja renda anual derivada de sua propriedade excedesse quarenta xelins. (N. T.)

inflação. À medida que o valor das propriedades aumentou, o eleitorado cresceu.

A primeira vez que os Estados Unidos começaram a se parecer com uma democracia de massa foi na eleição de Andrew Jackson, em 1828, mais de quarenta anos após o lançamento da república. Se você buscar na história dos EUA um paralelo a Trump, Jackson é uma única resposta clara que irá encontrar. Os Estados Unidos tiveram sua quota de demagogia — as emissões radiofônicas antissemitas do padre Coughlin na década de 1930 e o veneno segregacionista de George Wallace na década de 1960, entre outros. Mas Jackson foi o único populista autêntico a chegar à Casa Branca. As semelhanças com Trump são impressionantes. Além do fato de Jackson ter «pouco mais de um metro e oitenta… com uma grossa cabeleira cor de areia avermelhada», ele afirmava falar em nome dos «fazendeiros e trabalhadores manuais contra os interesses financeiros de seu tempo».[53] A simpatia de Jackson pela massa se estendia apenas aos homens brancos. Ele era um senhor de escravos muito rico.

Como Trump, Jackson se ressentia dos que estavam acima dele e desprezava os de baixo. Aqueles que se consideravam superiores a Jackson tiveram o que mereciam quando ele fechou o segundo «Bank of America» — o Banco Central da época. Os que estavam

---

53 Sean Wilentz, *Andrew Jackson The American Presidents Series: The 7th President, 1829 – 1837*. Nova York: Times Books, 2007.

abaixo, especialmente os índios cherokee, foram arrancados de seus lares na maior transferência de populações nativas até o momento. É difícil não notar o paralelo com os planos de Trump de deportar até 11 milhões de imigrantes mexicanos. Jackson tratava qualquer crítica às suas políticas brutais como lágrimas de crocodilo de uma elite hipócrita. Os abolicionistas eram alvo de um particular desprezo. O governo Jackson «pressupunha a supremacia dos brancos sobre os não brancos e interpretava qualquer oposição a tal supremacia como falsa filantropia», escreveu Sean Wilentz, um dos biógrafos de Jackson.[54] Andrew Jackson havia prometido «limpar as gigantescas cavalariças de Augias em Washington» (Trump promete «drenar o pântano»). Uma vez no poder, ele não perdeu tempo para montar um sistema de apadrinhamento, em que os cargos no governo eram distribuídos a amigos e partidários. A despeito de seu histórico, os historiadores se referem à era Jackson como a época da revolução democrática — ou, simplesmente, como a época do homem comum.

Até praticamente ontem, ao que parece, as elites ocidentais pensavam na democracia com um orgulho instintivo. Questioná-la seria tão estranho quanto criticar o ar puro ou as famílias em que os filhos são criados pelo pai e pela mãe. No século XIX, a própria palavra inspirava medo, assim como «bolchevismo» assustou seus descendentes no século XX (minha mãe ainda se refere ocasionalmente a pessoas sem

---

54 Ibid, p. 70.

educação como «bolcheviques»). Até mesmo o mais melhorista entre os liberais vitorianos recuava horrorizado diante da ideia de que as classes trabalhadoras pudessem escolher quem governaria a Grã-Bretanha. Foi apenas na década de 1870 que o voto foi estendido à maioria dos homens brancos. «Não consigo imaginar nada pior ou mais corruptor para um grupo de pessoas pobres e ignorantes do que dois grupos de homens ricos e bem-educados oferecendo-se a todo momento para se curvarem perante suas decisões e competindo para serem eleitos com o objetivo de executá-las», escreveu Walter Bagehot, ensaísta vitoriano que dá nome a uma coluna da revista *The Economist*. «A *Vox populi* será a *vox diaboli* se as coisas funcionarem dessa maneira».[55] O aspecto mais revelador do medo de Bagehot residia no fato de que ele não era capaz de conceber que o próprio «povo ignorante» pudesse ser eleito.

Passou-se um tempo até que as classes privilegiadas se acostumassem ao sufrágio universal. Um tempo ainda mais longo transcorreu antes que elas o encarassem como algo positivo. A primeira vez que o governo britânico defendeu publicamente o país como sendo uma democracia foi em 1916, nas profundezas da Primeira Guerra Mundial, quando buscava uma causa grande o bastante que justificasse a morte de centenas de milhares de rapazes nas trincheiras. O principal inimigo da Grã-Bretanha, a Alemanha do Kaiser, era autocrática. Um dos principais aliados da

---

55 Citado por Crick em *Democracy*.

Grã-Bretanha, a Rússia, retirou-se da guerra após o czar ter sido derrubado (e depois executado) durante a Revolução Russa. Depois de tomarem o poder, os bolcheviques instantaneamente se tornaram a nova — e muito mais ameaçadora — *bête noire* nas capitais da Europa. Ampliar a democracia em casa tornou-se, de súbito, uma ferramenta essencial de sobrevivência. O então presidente dos EUA Woodrow Wilson afirmou que a América estava entrando na Grande Guerra para salvar a democracia. Isso também era uma novidade para os americanos. Exibir a democracia como joia da coroa da civilização ocidental tornou-se uma segunda natureza para os EUA, Grã Bretanha e França — e também para o restante da Europa ocidental, uma vez começada a Guerra Fria com os soviéticos, meia geração mais tarde. Segundo padrões históricos, cem anos é comparativamente pouco tempo. Hoje em dia, um século a mais pode dar a sensação de um salto de fé bíblico.

Mesmo durante a era de ouro da democracia, o Ocidente teve o cuidado de não deixar que a ela fosse levada por seu próprio entusiasmo. A maioria da Europa pós-Segunda Guerra Mundial — liderada pela Alemanha — concebeu constituições com a mesma motivação dos Pais Fundadores dos Estados Unidos: o medo da voz concentrada do povo. Adolf Hitler, afinal, conseguiu quase 40% do voto popular nas eleições livres de 1932. Os austríacos votaram esmagadoramente a favor da *Anschluss* em um referendo. De forma semelhante às da Itália, Áustria, Portugal e outras, a constituição alemã do pós-guerra incorporou muitos freios a fim de limitar a influência da *Vox populi*. A presidência era uma débil figura decorativa. A primeira linha da Lei Fundamental de 1949 diz: «A dignidade humana será inviolável. Respeitá-la e protegê-la será o dever de todas as autoridades estatais». O Governo não deveria ser tanto pelo povo quanto para o povo. Somente na França, onde Charles de Gaulle produziu uma nova constituição presidencial na década de 1950, a voz direta do povo foi vista sem temor. Isso a despeito do fato de os débeis governos de coalizão franceses terem sido atormentados na década de 1930 por batalhas de rua entre fascistas domésticos e comunistas. «Antes Hitler do que Blum», diziam os fascistas a respeito do governo de coalizão liderado pelo socialista Léon Blum, que era também judeu. A semiguerra civil francesa paralisou sua política e dividiu fatalmente o país no caminho para a Segunda Guerra Mundial. Das principais democracias ocidentais, apenas os EUA e a Grã-Bretanha conseguiram manter os extremistas sob controle. Ainda assim, no entanto, a massa foi influente. A popularidade do movimento «América em Primeiro Lugar», liderado pela celebridade da aviação Charles Lindbergh, que admirava a Alemanha nazista — e cujo slogan foi retomado por Trump —, contribuiu para a demora quase fatal dos Estados Unidos em entrar na Segunda Guerra Mundial. Os governos conservadores britânicos da década de 1930 encontravam-se irremediavelmente divididos em sua resposta à ascensão da Alemanha nazista. Alguns desejavam evitar o conflito a qualquer custo após a carnificina da Grande Guerra. Outros simpatizavam abertamente com as propostas de Hitler. Até Winston Churchill, a grande voz no deserto parlamentar, teria supostamente parabenizado Mussolini por fazer os trens chegarem no horário.

Quando a Cortina de Ferro desceu sobre a Europa no fim da década de 1940, a era de ouro da democracia teve início, bem como um processo de amnésia histórica. Durante a Guerra Fria, as democracias anglófonas praticamente esqueceram seu histórico de ambivalência diante da voz do povo. Desde o fim da Guerra Fria, o medo da opinião pública retornou. A *oikophobia* é real. As elites tornaram-se progressivamente mais céticas com relação à democracia desde a queda do Muro de Berlim. O período ali iniciado coincidiu com a expansão mais acentuada da União Europeia. O clube europeu não apenas quase dobrou, passando de 15 para 28 membros (em breve 27, com a conclusão do Brexit), como os poderes concentrados em Bruxelas cresceram dramaticamente. O que quer que se diga sobre a UE, ela não é uma democracia. «A integração europeia, deve-se enfatizar, foi parte integrante dessa tentativa abrangente de restringir a vontade popular», afirma Jan-Werner Müller,[56] de Harvard. «Ela acrescentou restrições supranacionais às restrições nacionais.» O sistema de comitês anônimos que estabelece as regras para os Estados-membros — desde as menores

---

[56] Müller, *What is Populism?*

regulamentações sobre produtos até os limites de tributação e gasto — é praticamente imune ao controle democrático. Ele é chamado de «comitologia». Apenas alguns poucos entendem o sistema «comitológico» de Bruxelas. O presidente da Comissão Europeia é quase sempre alguém sem importância, vindo de algum lugar como a Bélgica ou Luxemburgo: fácil para os governos controlarem, nunca um nome conhecido. Ele preside um sistema bizantino de camadas burocráticas que Franz Kafka acharia familiar. É irônico que os poderes europeus tenham sofrido tamanha metástase desde que a ameaça soviética retrocedeu. «Por que, no momento em que a democracia parecia triunfar, emergiu a preocupação de limitar seu alcance?», questionava Peter Jair, autor de *Ruling the Void*.

Um ano após a queda do Muro de Berlim, fiz um estágio na Comissão Europeia, em Bruxelas — um *stagiare*, como dizem. Apesar de apoiar o projeto europeu, aqueles seis meses vacinaram-me pelo resto da vida contra a ideia de trabalhar em uma burocracia. Foi uma experiência sufocante. O jornalismo prometia vento em meus cabelos, na estrada. Um amigo da universidade encorajou-me a procurar seu irmão, um jornalista britânico que tinha construído sua reputação zombando de Bruxelas. Seu nome era Boris Johnson e seu negócio era fazer reportagens tendenciosas. Era melhor «mijar para dentro estando do lado de fora, do que mijar para fora estando do lado de dentro», brincava Boris, parafraseando a famosa tirada de Lyndon B. Johnson. Apesar de discordar das opiniões políticas de Boris, bem como de seus métodos jornalísticos — sua especialidade era a caricatura maliciosa —, era fácil ver por que ele havia ganhado tantos seguidores no Reino Unido. Vinte e cinco anos mais tarde, Boris desempenhou um papel central no voto britânico para deixar a Europa. Os mandarins de Bruxelas, tal como o «Mundo de Hillary», são cegos para a maneira como o povo os enxerga. O Brexit apenas reforçou sua visão de mundo. O veredito em Bruxelas é o de que a saída da Grã-Bretanha é uma oportunidade; ela permitirá que a integração europeia ganhe velocidade. O que ainda está em aberto é saber se a resposta de Bruxelas irá desencadear mais Brexits no futuro. A mesma insensibilidade aplica-se a Washington, onde morei durante a última década. Noventa e um por cento de Washington votou em Hillary Clinton em 2016. A vitória de Trump apenas reforçou a visão de que as pessoas de fora do anel rodoviário que circunda a capital são ignorantes e malévolas.

O termo «democracia iliberal» foi inventado por Fareed Zakaria há mais de uma década. A ideia que o público tem da democracia é de que se trata de um simples processo no qual as pessoas elegem representantes para executarem suas instruções. Os acadêmicos chamam isso de «teoria *folk* da democracia».[57] É uma versão atualizada da fé que os

---

57 Para um excelente tratamento desse tema, consultar: Christopher H. Achen e Larry M. Bartels, *Democracy for Realists: Why Elections Do Not*

camponeses medievais tinham no monarca. Se o rei os ignorava, era porque estava cercado por maus conselheiros. Simplesmente atualize o direito divino dos reis com o direito divino do povo: «O povo nunca é corrompido, mas às vezes é enganado». Mais e mais pessoas sentem que estão sendo enganadas. Políticos prometem uma coisa e fazem outra. O ressentimento cresceu de maneira constante nas últimas duas décadas, nos EUA e no resto do mundo. A confiança do público nas instituições políticas caiu ao nível mais baixo de todos os tempos. A visão sofisticada da democracia afirma que ela só é capaz de funcionar quando é contida por um sistema de direitos individuais, independência do judiciário, separação dos poderes e outras formas de equilíbrio. Não existe «vontade popular», apenas uma série de acertos complicados entre interesses rivais. É difícil assistir a qualquer câmara de representantes legislando sem pensar que o negócio todo é corrupto. Como disse Bismarck, «as leis, assim como as salsichas, deixam de impor uma vez que sabemos como são feitas». Vi minha quota de fabricação de salsichas na Comissão Europeia e no Capitólio. É o bastante para fazer você deixar de comer porco para sempre. E, no entanto, trata-se da única alternativa ao governo por *fiat* ditatorial.

A história da democracia liberal é, portanto, uma contínua tensão entre a bela teoria *folk* da democracia e a ideia liberal mais

---

Produce Responsive Government. Princeton: Princeton University Press, 2016.

complexa. Hoje em dia, elas se transformaram em forças opostas. Eis aqui, portanto, o cerne da crise do Ocidente: nossas sociedades estão divididas entre a vontade do povo e o governo dos especialistas — a tirania da maioria contra o clubinho da patota egoísta; Grã-Bretanha contra Bruxelas; Virgínia Ocidental contra Washington. Daí se segue que a eleição de Trump e a saída da Grã-Bretanha da Europa são uma reafirmação da vontade popular. Nas palavras de um acadêmico holandês, o populismo ocidental é «uma resposta democrática iliberal ao liberalismo antidemocrático».[58] A população britânica e a norte-americana supostamente recuperaram sua soberania em 2016. Eu chamo isso de «reação». Fica bem claro para que direção as elites ocidentais estão oscilando. Davos não é um fã-clube da ampliação da democracia. Após destacar e isolar muitas áreas anteriormente sob controle democrático (tais como a política monetária, o comércio e o investimento), as elites ocidentais pós-2016 agora temem não ter ido longe o bastante.

O desencanto das elites com a democracia está em ascensão há muitos anos. De acordo com a Pesquisa Mundial de Valores, que oferece a visão mais detalhada sobre o estado da opinião pública global, o apoio à democracia despencou no Ocidente desde a queda do Muro de Berlim.[59] Isso é particularmente

---

58 Cas Mudde, «The problem with populism», *Guardian*, 17 fev. 2015.

59 As conclusões da PMV são dissecadas de maneira brilhante no texto de Roberto Stefan Foa e Yascha

verdadeiro no que diz respeito aos jovens. Durante muito tempo, os acadêmicos partiram do princípio de que os crescentes sinais de descontentamento com a democracia eram um simples reflexo do desgosto com o governo da vez. A legitimidade do governo podia estar em baixa, mas a legitimidade do regime permanecia robusta. Não havia alternativas. A democracia, afinal, era a única opção. Aquela leitura era complacente demais. Quando perguntados, numa escala de um a dez, o quanto consideravam essencial viver numa democracia, quase três quartos dos norte-americanos nascidos antes da Segunda Guerra Mundial marcavam dez. A democracia é um valor sagrado para a geração que combateu o fascismo — ou que sofreu sob ele — e que viveu a Guerra Fria. Seus contemporêneos europeus, bem como os *baby-boomers*,[60] apresentavam níveis similares de apoio. Para os *millennials*, é o oposto. Menos de um em três *millennials* norte-americanos e europeus responde com um dez. No entanto, quando a mesma pergunta era feita em meados da década de 1990 para pessoas com menos de trinta anos, viver em uma democracia era uma questão altamente prioritária para elas. Mais do que ninguém, são as pessoas que cresceram a partir daquela época que perderam a fé na democracia.

Mounk: The Danger of Deconsolidation: «The Democratic Disconnect», *Journal of Democracy*, 27:3, jul. 2016.

60 Geração dos norte-americanos nascidos após a Segunda Guerra Mundial. (N. T.)

Muitos *millennials* acreditam que existem alternativas viáveis, incluindo governos militares. Hoje, na Europa e nos Estados Unidos, uma em cada seis pessoas de todas as idades acredita que «o exército governando» seria uma coisa boa ou muito boa. Em meados dos anos 1990, esse número era de um em cada dezesseis, quase três vezes menos. Respostas similares se apresentam quando as pessoas respondem se apoiariam «um líder forte que não precise se preocupar com um parlamento nem com eleições». Na Europa, os saltos mais acentuados no apoio ao autoritarismo vieram de democracias maduras, notavelmente da Grã-Bretanha e da Suécia. Mas a constatação mais perturbadora é a de quanto os ricos perderam a fé na democracia no Ocidente como um todo. Na década de 1990, os mais abastados apoiavam a democracia de maneira mais vigorosa do que qualquer outra faixa de renda na Europa ou nos Estados Unidos. Isso virou de ponta-cabeça. Os pobres são agora os maiores fãs da democracia; os ricos, os maiores céticos. Em 1995, apenas 5% dos americanos ricos acreditavam que um governo militar seria uma coisa boa. Em 2014, esse número havia mais do que triplicado. Uma parcela ainda maior de *millennials* das faixas de renda mais altas apoiam a autocracia. As pessoas tendem a formar suas crenças políticas na juventude, depois se apegam a elas pelo resto da vida. Se os jovens ricos de hoje são os líderes do pensamento de amanhã, a democracia tem um futuro duvidoso. Os dados dessa pesquisa vão apenas até 2014. Se ela tivesse sido feita após Trump e o Brexit, o fosso entre o modo como ricos e pobres veem a democracia seria ainda maior.

Quanto mais desiguais as sociedades se tornam, maiores as chances de ouvirmos os demófobos. Isso soaria familiar à geração dos meus bisavós. Isso também soaria familiar aos Pais Fundadores dos Estados Unidos. «É possível que a nova aversão às instituições democráticas entre os cidadãos ricos do Ocidente não passe de um retorno à norma histórica», escrevem Yascha Mounk e Roberto Stefan Foa.[61] Sendo mais direto: quando a desigualdade é elevada, os ricos temem as massas. No início de 2016, tive uma conversa de abrir os olhos com um figurão de Nova York. Ele argumentava que deveria haver um teste de conhecimentos gerais para eleitores com o objetivo de filtrar os «eleitores com baixo nível de informação». Ele calculava que o teste reduziria o eleitorado pela metade. Isso seria algo positivo. «Se tivéssemos um simples teste de conhecimento, não teríamos de nos preocupar com a ideia de Trump virar presidente», disse ele. O teste funcionaria de maneira semelhante ao piso que Madison, Jefferson e outros estabeleceram no fim do século XVIII — com a única diferença de que seria baseado em conhecimento, e não na propriedade. Bem século XXI.

À medida que cruzamos a fronteira para drones e soldados robôs, os ricos terão menos necessidade de exércitos civis de grande escala —, uma razão-chave para a expansão do voto nos séculos XIX e XX. A ficção científica gosta de

---

61 Foa e Mounk, «The Danger of Deconsolidation».

retratar uma distopia na qual os robôs assumiram o controle. Uma ideia menos fantástica é a de robôs realmente assumindo o controle, mas sob o mando[62] de uma pequena elite de senhores humanos.

Uma das atividades favoritas de Donald Trump é assistir a campeonatos de luta livre. Há décadas ele brilha nas arquibancadas das lutas da World Wrestling Entertainment (WWE). Apesar de nunca ter lutado, ele entrou no ringue com frequência para participar de seus roteiros de gosto duvidoso. Sua aparição mais recente foi em 2015, pouco antes de lançar sua candidatura presidencial, levando Vince McMahon, principal executivo da WWE, ao solo enquanto ele fingia se debater. Diante da plateia em delírio, Trump raspou a cabeça de McMahon com um barbeador elétrico. Ao terminar, voltou-se para os fãs, que urravam, e levantou o punho, exclamando: «Yeah!». Trump claramente adorou cada momento do espetáculo. Pode-se dizer que ele é o primeiro presidente dos Estados Unidos a ter entrado num ringue da WWE. Seria esperar muito que fosse o último? Vince e Linda McMahon, o casal que se tornou muito rico com a WWE, que eles lançaram em 1980, doaram $ 5 milhões para a Fundação Trump. Eles também contribuíram para sua campanha presidencial. Em janeiro de 2017, Trump nomeou Linda McMahon chefe da «Administração de Pequenas Empresas». Além de fazer fortuna na WWE, McMahon é

---

62 Agradeço a Foa e Mounk por essa estimulante inversão.

uma ardente defensora da reforma educacional. Seus bens se somaram aos dos outros ministros de Trump, fazendo com que o valor estimado da fortuna de seu gabinete seja de mais de $ 13 bilhões.[63]

A WWE está para a cultura popular dos EUA assim como o tormento de ursos estava para a Europa medieval. A diferença é que se trata de uma grande farsa. O público sabe que o show é combinado, mas consente alegremente em ser absorvido por ele. Seu comprometimento emocional é tão grande quanto o dos maiores fãs de telenovelas. A WWE fornece vilões, heróis, anti-heróis e vítimas. Acompanhar a mudança nos roteiros da WWE é um barômetro das preocupações mais obscuras do americano médio. Durante a década de 1980, as lutas tratavam do bem contra o mal. Esse último invariavelmente tinha sotaque russo, ou talvez iraniano, e terminava sendo derrotado. Com frequência, o malvado capitulava e confessava toda a sua maldade. Depois da Guerra Fria, as histórias começaram a mudar. O bem e o mal foram substituídos por dramas baseados em graves disputas pessoais. O inimigo externo foi suplantado por outro ao nosso redor. As vítimas se vingavam de seus abusadores. Fora dos ringues, Vince McMahon cada vez mais assumia o papel de um chefe ganancioso em tomadas feitas em escritórios e vestiários e transmitidas ao público por meio de um telão. Ele desempenhava

---

[63] Matt Rocheleau, «Trump's Cabinet picks so far worth a combined $ 13b», *Boston Globe*, 20 dez. 2016.

o papel do executivo-chefe ganancioso, sempre tentando enganar ou explorar os lutadores que empregava.

A mudança mais marcante é o desaparecimento dos heróis. Todo mundo tem algo vulgar. Ninguém merece confiança. «Cidade após cidade, noite após noite, ginásio lotado após ginásio lotado, os lutadores executam uma nova e fragmentada narrativa social», escreve Chris Hedges em *Empire of Illusion*.[64] «Trata-se de dor pessoal, vendetas, hedonismo e fantasias de vingança ao passo que se machucam os outros. É o culto do vitimismo», escreveu Hedges, em 2009. Desde então, a popularidade da WWE foi ultrapassada pela do Ultimate Fighting Championship (UFC), que atrai dezenas de milhões de espectadores e rende dezenas de milhões de dólares às suas maiores estrelas. Ao contrário da luta livre, os combates do UFC não são arranjados. Os competidores lutam em uma grande jaula octogonal e realmente têm por objetivo machucar uns aos outros. Os lutadores do UFC empregam uma mistura de boxe e artes marciais, incluindo o Muay Thai tailandês. Sangue de verdade voa pelo ringue; às vezes, dentes são arrancados. O vencedor geralmente dá diversos socos na cabeça do perdedor já no chão antes de o juiz interferir. A lista oficial de faltas inclui mordidas, dedo no olho e cabeçadas. Isso faz com que os combates arranjados de luta livre pareçam quase exóticos.

---

64 Chris Hedges, *Empire of Illusion: The End of Literacy and the Triumph of Spectacle*. Nova York: Nation Books, 2009.

Trump ajudou a promover alguns eventos de UFC em seu início e esteve também envolvido com uma franquia concorrente que não durou muito. É possível imaginar que ele goste do espetáculo. O UFC está para a cultura popular assim como Trump está para a política — um tipo brutal e impiedoso de show business. Em lugar de solidariedade, ele oferece a catarse da vingança.

Aos medos plebeus da maioria dos Pais Fundadores dos Estados Unidos opunha-se uma fé mais idealista na sabedoria natural do povo. Essa fé vinha de Rousseau e Kant, que acreditavam em uma bússola moral inata da humanidade — o popular «Sentido Comum» louvado por Thomas Paine. O século XX destruiu toda ilusão que os europeus pudessem ter a respeito da vontade geral de Rousseau. Nos Estados Unidos, entretanto, que nunca sofreram com o terror da demagogia organizada, existem menos mecanismos de alerta. Os *insights* mais agudos de Tocqueville sobre os Estados Unidos foram sobre sua «democracia de maneiras». O aristocrata francês, cuja viagem coincidiu com a presidência de Andrew Jackson, não temia um futuro totalitário, mas algo mais insidioso, que emergiria do seio de nosso temperamento democrático. As nações de nosso tempo não são capazes de impedir que as condições dos homens se tornem iguais», escreveu Tocqueville, «mas depende deles saber se o princípio da igualdade irá conduzi-los à servidão ou à liberdade, ao conhecimento ou à barbárie, à prosperidade ou à ruína».[65]

Mesmo durante o choque ocasionado pela vitória de Trump, as pessoas me tranquilizavam dizendo que ele iria sucumbir ao peso de suas próprias fantasias. As ilusões que conduzem os populistas ao poder dificilmente sobrevivem ao contato prolongado com as realidades do poder. Trump não seria uma exceção. Mas, com frequência, o desejo é o pai de nossos pensamentos e subestimamos o apetite insaciável da humanidade pela distração. Em 1996, Nicholas Negroponte, um dos primeiros evangelizadores a pregarem a palavra da internet, proclamou o potencial libertador da rede dizendo: «o papel do Estado-nação mudará dramaticamente e não haverá mais espaço para o nacionalismo [na internet] do que há para a varíola.»[66] Negroponte não foi capaz de imaginar Trump como um produto da internet, assim como não foi capaz de conceber os roubos de identidade. E, no entanto, cá estamos nós. É verdade que podemos baixar as bibliotecas do mundo. Também podemos assistir ao UFC em *streaming*. Os mesmos saltos de fé utópicos se repetem a cada inovação tecnológica. Na década de 1850, o telégrafo foi aclamado como o grande unificador da humanidade. «É

....

65 Alexis de Tocqueville, *A democracia na América*. Parte I (1835).

66 Nicholas Negroponte. *Being Digital*. Londres: Hodder & Stoughton, 1996. [Ed. bras.: Vida digital. Trad. Sérgio Tellaroli. 2a ed. São Paulo: Companhia das Letras, 2006.]

impossível que os velhos preconceitos e hostilidades continuem existindo», afirmou um editorial no *New Englander*.[67] Henry David Thoreau tinha uma ideia mais realista de seu potencial: «Estamos com muita pressa para construir um telégrafo magnético do Maine ao Texas», escreveu ele, «mas é possível que o Maine e o Texas não tenham nada de importante para comunicar».[68] Afirmações utópicas quase idênticas foram feitas a respeito da televisão, da aviação comercial e do carro. Agora que dispúnhamos de meios para explorarmos outras culturas, as barreiras à compreensão viriam abaixo. Guglielmo Marconi, um dos primeiros barões do rádio, afirmou: «a era vindoura do rádio tornará a guerra impossível, pois a tornará ridícula».[69] Além de Churchill e Roosevelt, Hitler e Stálin tornaram-se mestres desse meio de comunicação. Agora temos de acreditar que as teorias da conspiração de Trump irão definhar sob o escrutínio de 1 milhão de cidadãos checando fatos na internet.

Mas e se os seus partidários não se importarem? E se a América média tiver se tornado

---

67 Citado por Evgeny Morozov em *The Net Delusion: The Dark Side of Internet Freedom*. Nova York: Basic Books, 2012.

68 Henry David Thoreau, *Walden*. Nova York: W. W. Norton, 1966 (1854), p. 67. [Ed. bras.: Walden, ou A vida nos bosques. Trad. Alexandre Barbosa de Souza. São Paulo: Edipro, 2018.]

69 Morozov, *The Net Delusion*. O livro de Morozov é uma leitura estimulante para todos os que se interessam por tecnologia e democracia.

tão cínica acerca da verdade a ponto de seguir o roteiro de uma versão política da luta livre? Orwell vislumbrou um futuro no qual uma ditadura que tudo vê suprimiria o pensamento livre e criminalizaria a intimidade humana. Mas a internet nos deu algo muito mais próximo do *Admirável mundo novo* de Aldous Huxley do que do *1984* de Orwell. As vendas de ambos os livros estouraram após a eleição de Trump (junto com *As origens do totalitarismo*, de Hannah Arendt). O medo de Orwell era que o Grande Irmão (*Big Brother*) estivesse sempre nos vigiando. O temor de Huxley era que estivéssemos todos ocupados demais assistindo ao *Big Brother* na televisão para nos importarmos com isso. Não é preciso proibir livros se as pessoas não os leem. Se o povo estiver entretido, ele também será dócil. No filme *Gladiador*, o senador Graco, representado pelo ator Derek Jacobi, entende que defensores patrícios da República romana, como ele próprio, não são páreo para a política de pão e circo do imperador Cômodo. «O coração pulsante de Roma não é o mármore do Senado, mas a areia do Coliseu», diz ele. «Ele lhes dará a morte, e eles irão amá-lo por isso.» Vladimir Putin aprendeu mais com Huxley do que com Orwell. Quando era agente da KGB em Dresden, na década de 1980, a maioria das pessoas conseguia sintonizar canais do Ocidente em seus aparelhos de televisão. Politicamente, essa era a parte mais inativa da Alemanha Oriental. Longe de estarem colados às notícias da Alemanha Ocidental, eles estavam viciados em *Dallas*, *s.o.s Malibu* e *Dinastia*. Como destacou Evgeny

Morozov em *The Net Delusion*, havia uma parte da Alemanha Oriental que não recebia o sinal de TV da parte ocidental. Ela era conhecida como «O Vale dos Desinformados». A região era também a parte mais politizada do país; seus habitantes solicitavam vistos de saída em número muito mais elevado do que seus vizinhos supostamente mais bem informados. Às vezes, a ilusão de liberdade é tudo de que as pessoas precisam.

Putin, o único líder mundial que Trump admira, tem aplicado bem essas lições na Rússia de hoje. A mídia é relativamente livre. Ao contrário da China, onde o «Grande Firewall» bloqueia muito da mídia ocidental, a maioria dos russos tem acesso a grande parte dos meios de comunicação globais. De vez em quando, um jornalista é morto; outros são intimidados. Com maior frequência, eles são aliciados pelo Estado russo. É possível que Putin tenha compreendido algo que escapou aos evangelizadores da internet, que possuíam grande influência no Departamento de Estado comandado por Hillary Clinton. Os utópicos acreditam que a Revolução será tuitada.[70] Os putinistas creem que as pessoas estão felizes demais digerindo o entretenimento ocidental para se preocuparem com isso. Longe de lerem blogs dissidentes, os russos estão encantados com gatinhos e listas. É para esse tipo de site que se dirige o grosso do tráfego. Não há motivo para pensar que os ocidentais sejam inerentemente mais esclarecidos

---

70 «The Revolution Will Be Twittered», *The Atlantic*, 13 jun. 2009.

do que os russos. «[O] novo Kremlin não cometerá o mesmo erro da velha União Soviética: ele nunca permitirá que a televisão se torne chata», escreve Peter Pomerantsev. «A maioria [dos russos] está feliz com a troca: liberdade absoluta por silêncio absoluto».[71]

Se não chegarmos à lei marcial, é improvável que a mídia nos EUA seja silenciada ou aliciada por Trump. Quando o assessor de Trump na Casa Branca Steve Bannon, que contribuiu com grande parte das «fake news» que ajudaram na sua vitória, mandou os jornalistas de Washington «calarem a boca», foi recebido com desdém.[72] E, no entanto, ele estava reproduzindo um ponto de vista popular no interior do país a respeito de uma indústria que sofreu uma queda ainda mais abrupta em sua credibilidade do que a classe política. Se a mídia dos EUA é agora o partido de oposição, como afirma Bannon, que lado tomará o povo? Uma vez mais, a Rússia nos oferece indicações perturbadoras. Quando Putin teve sua esmagadora vitória presidencial em 2012, com mais de dois terços dos votos, não houve grande necessidade de fraude eleitoral. Assim como na votação em Londres contra o Brexit ou no apoio de Washington a Hillary Clinton, mais de metade de Moscou votou contra Putin. O fosso entre as elites metropolitanas dos Estados Unidos e os

---

71 Pomerantsev, *Nothing Is True and Everything Is Possible*.

72 Michael M. Grynbaum, «Trump Strategist Stephen Bannon Says Media Should ‹Keep Its Mouth Shut›», *The New York Times*, 26 jan. 2017.

que vivem fora das cidades não é menor do que aquele que existe entre Moscou e o vasto interior do país. O domínio que Putin possui sobre a televisão como um *reality show*, uma indústria roteirizada pelo Kremlin e por seus acólitos no mundo dos negócios, compensa qualquer cinismo que eles possam gerar nas cidades. Seja tirando a camisa para caçar ou entrando no palco conduzindo uma Harley e usando óculos Ray-Ban na abertura das Olimpíadas de inverno, as aparições públicas multiformes de Putin são calibradas para agradar os russos que ficaram para trás. Os especialistas em relações públicas do Kremlin são chamados de tecnólogos políticos. Antes de assumir o poder, Donald Trump já era o principal aprendiz de celebridade dos Estados Unidos. A tecnologia política é sua amiga tanto quanto sua inimiga. A contrarrevolução também pode ser tuitada.

Se não podemos apostar na verdade para responsabilizar Trump, então podemos confiar no sistema? A resposta curta é que isso é algo que iremos descobrir. A resposta longa é que a separação de poderes dos Estados Unidos, como a de qualquer democracia constitucional, é mantida pelas pessoas que a comandam. No topo da pirâmide, está o próprio presidente. Se o presidente é íntegro, o restante se ajusta. Na Washington de Trump, temos de procurar a salvação mais abaixo na hierarquia. Richard Nixon, que acreditava que qualquer coisa que o presidente fizesse era, por definição, legal, não foi derrubado por um sistema abstrato. Quando ele ordenou que a Brookings Institution fosse invadida, sua equipe não o denunciou à polícia. Quando mandou que o Pentágono colocasse as forças nucleares dos EUA em alerta máximo, não foi contrariado. Em ambos os casos, a equipe de Nixon deixou as ordens em suspenso durante a noite, na esperança de que ele voltasse a si pela manhã. Em outros casos, no entanto, os assessores diretos de Nixon violaram a lei de maneira voluntária a seu pedido, incluindo o roubo ao comitê do Partido Democrata no complexo de Watergate. Se não fosse por Mark Felt, o número dois do FBI, a presidência de Nixon poderia ter sobrevivido. Felt vazou detalhes das violações legais cometidas por Nixon a Bob Woodward e Carl Bernstein, do *Washington Post*, que, por sua vez, tiveram a coragem de publicar a matéria a despeito das crescentes ameaças da Casa Branca.

Em outros casos, como no do herói desconhecido Randolph Thrower, altos funcionários recusaram-se a executar as ordens de Nixon. Como chefe da Receita Federal dos Estados Unidos, ele recebeu uma ordem dos assessores de Nixon para auditar políticos e jornalistas que estavam na lista de inimigos do presidente. Thrower, que morreu em 2014 aos cem anos de idade, hesitou.[73] Ele pediu uma audiência com Nixon para discutir suas preocupações, mas o presidente recusou-se a recebê-lo. Cinco dias depois, Thrower foi demitido. Nixon deixou claro a seus assessores que tipo de substituto desejava: «Quero ter a certeza de que ele

---

73 Paul Vitello, «Randolph Thrower, IRS Chief Who Resisted Nixon, Dies at 100», *The New York Times*, 18 mar. 2014.

é um filho da mãe implacável», disse ele em uma gravação, «que fará o que lhe for ordenado, que verei todas as declarações de renda que eu quiser ver, e que ele perseguirá nossos inimigos, e não nossos amigos».[74] Eles apresentaram o nome de Johnnie M. Walters, considerado mais maleável do que Thrower. Em 1972, Walters recebeu uma lista de duzentos inimigos de Nixon a serem investigados. Ele se dirigiu a George Schultz, então secretário do Tesouro, para perguntar o que deveria fazer. Schultz disse a ele que guardasse os nomes num cofre. Em lugar disso, Walters entregou a lista a um assessor no Congresso. «Por que diabos ele foi promovido?», exclamou Nixon ao saber que Walters havia se recusado a cumprir as ordens. Mais tarde, Walters testemunhou publicamente perante o Congresso relatando o que haviam pedido que ele fizesse. Assim como Thrower, Walters viveu até uma idade avançada. Ele morreu há pouco tempo, com 94 anos. Talvez uma consciência tranquila seja uma das chaves da longevidade.[75]

Não há como saber quantos Felts, Throwers and Walters se escondem na Washington de Trump. Mas suas histórias nos recordam que é o caráter, e não as leis, que sustenta um sistema. Para que o estado de direito consiga resistir ao

---

74 Citado por George Lardner Jr. em «Nixon sought ‹ruthless› chief to ‹do what he's told› at the IRS», *Washington Post*, 3 jan. 1997.

75 Douglas Martin, «Johnnie M. Walters, IRS Chief Who Resisted Nixon's Pressure, Dies at 94», *The New York Times*, 26 jun. 2014.

que Donald Trump possa fazer contra ele, indivíduos deverão colocar suas carreiras em risco. Será que James Comey, diretor do FBI, cuja intervenção nos últimos minutos da campanha ajudou a inclinar a balança para Trump, será um desses indivíduos? Após ser aterrorizado por Trump, Comey se pronunciou a respeito da reabertura da investigação do FBI sobre os e-mails de Hillary Clinton. Essa atitude foi motivada por uma declaração prévia do então candidato, que já apontava o diretor do FBI como integrante de um «sistema corrupto». Em um país tão visceralmente dividido, a neutralidade é tratada como conspiração. Em uma democracia, quando um dos lados lança acusações preventivas de traição — e não existe alegação mais séria do que a de manipular uma eleição presidencial —, o solo sob o qual a lei está assentada se retrai. É difícil manter uma justiça cega quando há uma tempestade caindo ao seu redor. Comey perdeu a compostura no meio dessa ventania. Isso durante uma eleição em que Trump era dado como perdedor. Quão maior será a pressão sobre Comey, ou sobre o diretor da Receita Federal — ou ainda sobre os diretores das agências de inteligência dos EUA —, agora que Trump é o comandante em exercício? Como disse Maquiavel, para um príncipe, é melhor ser temido do que amado.

Há também o Congresso, o primeiro poder do governo dos Estados Unidos. Dado seu histórico medíocre de fiscalização, ele teria de melhorar seu desempenho de maneira incomensurável. O «Estado profundo» de Washington — o conjunto de agências de inteligência e segurança nacional que parecem sempre crescer, a despeito do governo que esteja no poder — tem passado a perna no Congresso há anos.[76] Apesar de o Congresso ter o dever de supervisionar suas atividades, ele confia inteiramente nas próprias agências para se manter informado. Na prática, as agências de inteligência se reportam a apenas oito deputados e, geralmente, somente após o ocorrido. Esses oito não podem trazer assistentes ou notas. «Somos como cogumelos», diz Norman Mineta, um ex-deputado. «Eles nos deixam no escuro e nos fazem engolir um monte de esterco.» No entanto, como ficou claro durante as audiências de Watergate e as reformas que se seguiram à renúncia de Nixon, o Congresso é capaz de frear um poder executivo errático. Uma vez mais, no entanto, são os indivíduos, e não as instituições, que fazem a diferença. Se eu fosse um Mark Felt potencial, vazaria meu material para John McCain, o temperamental senador do Arizona, ou para seu companheiro de estado Jeff Flake; ou então para Lindsey Graham, o republicano da Carolina do Sul. Poucos atacam tanto Trump quanto os falcões republicanos.

Por fim, há o judiciário, o terceiro poder do governo dos Estados Unidos. Não existe nada que possa impedir um presidente dos Estados Unidos de ignorar os tribunais. Fingir

---

76 Devo muito a Mike Lofgren por seu excelente livro *The Deep State: The Fall of the Constitution and the Rise of a Shadow Government*. Nova York: Penguin, 2016.

o contrário tem sido um dever cívico de quase todos os presidentes dos EUA, exceto Nixon. Andrew Jackson foi outra exceção. Quando o grande presidente da Suprema Corte John Marshall determinou a suspensão dos planos de Jackson de expulsar os índios cherokee de suas terras, o presidente disse: «Que ele venha e me impeça de fazê-lo». Os tribunais nunca o impediram. É o presidente, e não o judiciário que controla o poder de fogo. Conter o presidente é a coisa mais essencial para manter o sistema norte-americano funcionando devidamente. Também aqui, a chave última é o caráter. Os leitores que chegaram até aqui dispensam elucubrações sobre o caráter de Donald Trump. No entanto, não consigo deixar de contar de novo uma das anedotas favoritas de Trump, repetida várias vezes ao longo de sua campanha. Uma mulher de «bom coração» encontra uma cobra ferida na estrada, recolhe o animal e cuida dele até que melhore. Ao despertar, a cobra se vira e morde a mulher. Agonizando, esta pergunta o porquê daquele ataque. «Ah, cale a boca, mulher idiota», diz o réptil, «você sabia muito bem que eu era uma cobra antes de me trazer para cá.»[77]

Trump contou essa história como uma advertência contra o acolhimento de refugiados sírios nos Estados Unidos. Mas ela se adapta melhor como uma fábula moral a respeito de sua própria eleição. Durante a campanha, um jornalista resumiu da seguinte forma o fosso

---

77 A história é contada por Ezra Klein em: «The Snake», *Vox*, 30 jan. 2017.

existente entre a visão das elites e a do interior a respeito de Trump: «a imprensa o entende de maneira literal, mas não o leva a sério; seus correligionários levam-no a sério, mas não o entendem de maneira literal.»[78] No fim, ambos estavam errados. Trump deveria ser levado a sério e entendido literalmente. Como ficou claro em seu discurso de posse, suas promessas de campanha tinham sido feitas a sério. Dias após assumir, ele emitiu uma ordem executiva banindo refugiados da Síria. A promessa de proibir muçulmanos de entrarem nos Estados Unidos também era verdadeira, assim como, creio, era seu compromisso de deportar milhões de imigrantes mexicanos. Havia também as promessas de lançar uma guerra comercial contra a China, reduzir as atividades da OTAN, forjar uma parceria com Putin e assim por diante. Quem será o Garganta Profunda de Trump? Onde encontraremos seu Mark Felt? O futuro da maior democracia do mundo — e da democracia global de modo geral — está nas mãos de pessoas cujos nomes provavelmente desconhecemos.

Em meados da década de 1990, passei dois anos como correspondente do *Financial Times* em Manila. Apesar de as Filipinas terem sofrido sob a mão pesada de Ferdinando Marcos por gerações, o país era, naquela época, o mais livre do Sudeste Asiático, tendo restaurado sua democracia na Revolução do Poder Popular, em 1986. Um dos pontos negativos era a

---

[78] Salena Zito, «Taking Trump Seriously, Not Literally», *The Atlantic*, 26 set. 2016.

criminalidade. Além da democracia, os filipinos herdaram dos Estados Unidos uma cultura de armas promíscua, que governou o país durante meio século. Num fim de semana, peguei um avião para a cidade de Davao, onde ouvi moradores falarem sobre os métodos inéditos de controle de crimes empregados pelo prefeito de lá. Cercado por um grupo de capangas usando óculos escuros de filme B e botas de caubói, esse mesmo prefeito me levou a um estande de tiro, onde me deu um revólver e me disse para acertar um alvo. Eu não tinha ideia do coice que a pistola daria e errei o alvo diversas vezes, provocando gargalhadas no grupo. Mais tarde, quando perguntei ao prefeito como ele tinha baixado tanto os índices de criminalidade, ele me respondeu que os criminosos locais gostavam de voar e que uma solução era colocá-los num helicóptero e simplesmente ajudá-los a saciar seu desejo. «Eles nunca mais voam», riu-se ele. Ainda sinto calafrios ao lembrar do riso que esse comentário provocou. O nome do prefeito era Rodrigo Duterte, e ele é o atual presidente das Filipinas.

Se você quiser um estudo de caso sobre a democracia iliberal, as Filipinas de Duterte seriam um bom lugar para começar. Mais de 7 mil «viciados em drogas» filipinos perderam a vida desde que ele foi eleito. Grupos de direitos humanos estimam que o número real de mortos seja consideravelmente mais alto. Com frequência, os corpos são encontrados na sarjeta, com uma bala na cabeça, após um encontro com a polícia. Alguns «cometem suicídio» na prisão. A verdade é que muitos deles estão longe de ser traficantes ou mesmo viciados em drogas. O chamado de Duterte para a sociedade, e até para os familiares, «vão em frente e matem-nos vocês mesmos» serviu de cobertura para todo tipo de ajuste de contas. No entanto, os índices de aprovação de Duterte permanecem em níveis estratosféricos para os padrões ocidentais. No mundo todo, apenas Vladimir Putin e Recep Tayyip Erdogan, o homem forte democraticamente eleito da Turquia, desfrutam de índices de aprovação superiores a 80%. Como Putin e Trump, Duterte possui a habilidade de encontrar o pulso da massa. Seguindo o exemplo de Erdogan, ele tem falado em fazer emendas à constituição filipina para torná-la mais plebiscitária. Juízes e ativistas liberais são impotentes perante um demagogo popular. Afinal de contas, Duterte está agindo em nome do povo.

Os intelectuais vêm debatendo os limites da vontade popular há quase 3 mil anos, e ainda não conseguimos aperfeiçoar muitos dos argumentos da Grécia Antiga. Platão acreditava que a democracia era o governo da multidão — literalmente *demos* (multidão) e *kratos* (poder). Em sua opinião, a multidão não era capaz de distinguir entre o conhecimento e a opinião. A resposta de Aristóteles foi combinar o governo dos instruídos com o consentimento de muitos. Ele também acreditava na rotação constante. Os cidadãos deveriam simplesmente ser sorteados para decidir quem ocuparia os cargos públicos. «[Os direitos] só eram adquiridos por cidadãos ativos, certamente não se tratava de uma democracia moderna do tipo «relaxe e reivindique»», escreveu o falecido Bernard Crick, um dos intelectuais britânicos que estudou mais profundamente a questão da democracia.[79] Os antigos gregos e os Pais da Pátria americanos não encontrariam nada que lhes agradasse nas Filipinas de Duterte, nem na América de Trump. No entanto, os antigos estabeleceram um padrão muito elevado. Esperar um grupo de cidadãos ativos não é algo prático numa democracia de 100 milhões de pessoas tal como as Filipinas, e menos ainda num país de 324 milhões de habitantes. Na antiga Atenas, você podia olhar seu governante nos olhos. A probabilidade é de que menos de um em cem norte-americanos aviste Trump em pessoa. No entanto, ele alega saber quem eles são. «A maioria silenciosa está de volta, e ela não é silenciosa», disse Trump. «Ela é agressiva.»

Democracia iliberal é uma contradição em termos? Talvez não em seus estágios iniciais. Mas, à medida que o tempo passa, o verdadeiro populista perde a paciência com as regras do jogo democrático. Entre os líderes ocidentais, o húngaro Viktor Orbán levou mais longe a questão. Já não faz sentido falar da Hungria como uma democracia de boa-fé. Após reescrever a constituição do país para beneficiar seu partido e submetê-la a um referendo apressado com baixa participação, Orbán colocou a oposição em uma situação impossivelmente desequilibrada. As chances de seus opositores vencerem uma eleição nessas condições são quase

---

79 Crick,. *Democracy*.

nulas. Orbán agora se jacta de que a Hungria é uma «democracia iliberal».

Em seu estudo magistral do populismo, Jan-Werner Müller se insurge contra aqueles que defendem que o populismo é democrático. Um verdadeiro populista não apenas se opõe às elites, ele é também um inimigo do pluralismo. Sem uma sociedade pluralista, a democracia perde suas fundações. O populista nunca diz: «Somos 99%», como fez o movimento Occupy Wall Street em seus protestos no Parque Zuccotti. O populista alega falar exclusivamente em nome de 100% da população. Somente ele é capaz de conhecer a identidade do verdadeiro povo. Os populistas finlandeses começaram como os «Verdadeiros Finlandeses». Hoje, eles são simplesmente «Os Finlandeses». A mudança no nome dá a medida de seu sucesso. «A única coisa que importa é a unificação do povo — porque as outras pessoas não têm importância alguma», afirmou Trump. Daí se segue que Trump, assim como Orbán, é um autêntico populista. Ele, e somente ele, é capaz de identificar os verdadeiros americanos.

O que vier a acontecer nos Estados Unidos de Trump em grande medida responderá à pergunta de Fukuyama sobre se a recessão democrática mundial acabará se tornando uma depressão. Mas o que acontece na Europa também importa. Tendo arrogado a si a maior parte das grandes decisões, Bruxelas deixou aos Estados-membros pouco mais do que a política identitária. Pela primeira vez na história pós-nazista, a Alemanha quase certamente verá um partido de extrema direita ultrapassar a barreira dos 5% para ganhar assentos no parlamento na próxima eleição geral.

O partido Alternative für Deutschland está com 15% nas pesquisas. Para a Europa sobreviver, seu centro alemão deve se manter. E, mesmo que se mantenha, as coisas ainda podem se desfazer na periferia. A Turquia deixará a OTAN? A Grã-Bretanha é capaz de permanecer inteira? E quanto à Espanha e à Bélgica? A Europa conseguirá deter a maré de imigrantes vindos da África e do Oriente Médio? O Ocidente reconquistará seu papel de farol do mundo? Os ativistas pela democracia na China não estão mais tão seguros a respeito do que acreditar. Eles ainda estão em choque com a vitória de Trump. Por outro lado, os dissidentes russos abandonaram há muito a ilusão de que o Ocidente apoiava sua causa. Ao contrário do que esperavam na década de 1990, durante a transição democrática da Rússia, o tráfego é agora de mão dupla. Se a influência política fosse medida em dólares, a Rússia teria ganhado um esmagador superávit em 2016. Hoje em dia, Londres é o lugar para onde os oligarcas russos levam seu dinheiro. Os termos de comércio mudaram. «Se antes eles [os dissidentes russos] empregavam a expressão ‹o Ocidente› em geral e ‹Londres› em particular para falar do farol em direção ao qual apontavam», afirma Pomerantsev, «agora as palavras ‹Londres› e ‹Ocidente› podem ser ditas com uma leve aversão, como o lugar que abriga, recompensa e fortalece as forças que os oprimem.»

Desde o começo deste século, o Ocidente abriu mão de muito de seu prestígio. Nosso modelo político já não desperta a inveja do mundo. Assim como a democracia ocidental passou a ser questionada, o mesmo aconteceu com seu poder global. A perda dos Estados Unidos foi relativa: sua fatia do PIB mundial diminuiu. O país também desvalorizou sua credibilidade global ao conduzir guerras irresponsáveis sob o falso mote da democracia. A perda geopolítica da Europa foi absoluta. O continente praticamente já não é capaz de projetar poder além de suas fronteiras. Na realidade, a própria abertura das fronteiras da Europa representa, em si mesma, uma crescente ameaça. Enquanto isso, o centro de gravidade do mundo está se movendo inexoravelmente em direção ao Oriente.

Parte três

Precipitação

Tudo sob o céu é um grande caos. A situação é excelente.
Chou En-Lai

Qualquer pessoa com um par de olhos na cara deveria ter sido capaz de prevê-la. Ainda assim, a guerra entre os Estados Unidos e a China em 2020 nos pegou desprevenidos.[1] Dias após derrotar Hillary Clinton, o presidente eleito Donald Trump desafiou a China. Ele não apenas aceitou uma ligação de felicitações vinda de Taiwan — em si mesmo, um começo provocador — como também ameaçou usar o reconhecimento de Taiwan como moeda de troca em um futuro confronto comercial. É verdade que os especialistas em política externa de Washington rapidamente perceberam o quão irresponsável era tudo isso. Desde 1979, os Estados Unidos — bem como a maior parte do mundo — aceitaram a «política de uma China única», que pressupõe o reconhecimento exclusivo da China. Mas o restante de nós demorou para entender as

---

1 A possibilidade de uma guerra entre China e Estados Unidos *não* é uma previsão. É uma extrapolação possível da política de relações internacionais que Trump vem conduzindo nos Estados Unidos.

implicações de tais medidas. Isso não passa de Trump brincando com sua conta no Twitter, dizíamos, para nos tranquilizarmos. O sistema irá guiá-lo para um lugar seguro assim que ele assumir o governo. Mesmo após Trump ter proferido o discurso de posse mais incendiário da história dos Estados Unidos, ainda voltamos para o conforto de nossos cobertores. Apesar de Trump ter intensificado a retórica do «América em primeiro lugar», prometendo que o país «começaria a vencer novamente» e assumindo o compromisso de «proteger nossas fronteiras das devastações de outros países», sabíamos que sua voz não era a verdadeira voz da América. Os americanos preferem discursos que apelem «aos anjos bons de nossa natureza», como fez Abraham Lincoln em 1861, ou que falem em «pagar qualquer preço, suportar qualquer fardo, confrontar qualquer dificuldade, apoiar qualquer amigo», como John F. Kennedy prometeu um século depois. Se nada mais o fizesse, a opinião pública faria Trump mudar. Nós mal percebemos que 51% dos norte-americanos acharam o discurso de Trump «otimista», e que 49% dos telespectadores o consideraram «bom» ou «excelente».[2] Quem estava escolhendo as notícias que o agradavam? Trump ou nós mesmos?

Em retrospecto, é claro que agora a guerra parece ter sido inevitável. Apesar de Trump ter apoiado com relutância a posição de «uma

---

2 Jake Sherman, «Poll: Voters liked Trump's ‹'America first'› address», *Politico*, 25 jan. 2017.

China única» poucas semanas após assumir o poder e de ter dado as boas-vindas a Xi Jinping à sua «Casa Branca de Inverno» em Mar-a--Lago dois meses depois, já não havia volta. De fato, com um contratorpedeiro norte--americano no fundo do mar do Sul da China e ataques aéreos de grande escala sobre as bases navais chinesas, podemos nos sentir afortunados por esses incidentes não terem se transformado numa conflagração global. Devemos agradecer a Vladimir Putin por isso. Quem mais possuía credibilidade tanto em Pequim quanto em Washington para mediar um cessar--fogo? Seja o que for que pensemos do comportamento de Putin, ninguém iria se aborrecer com seu Prêmio Nobel da Paz. Se não fosse por ele, poderíamos estar escavando agora as ruínas fumegantes da Terceira Guerra Mundial. Pense nisso: a aproximação que Trump buscou com Putin parece algo à frente de seu tempo. Além disso — e por mais doloroso que seja admiti-lo — pode ter havido algum método na loucura de Trump. Apesar de terem tropeçado impensadamente para o conflito, os EUA e a China provavelmente estavam destinados a um confronto em algum momento. A maioria de nós não questiona mais seriamente que o futuro do mundo, e o destino de nossos valores, será decidido pelo combate entre uma China em ascensão e uma América hegemônica. Todo o resto consiste em detalhes cosméticos. Cultivar os bons ofícios de Putin — e atrair a Mãe Rússia para os braços do Ocidente judaico-cristão — parece, em retrospecto, uma estratégia profética. Resistiremos a qualquer desafio que a atual paz quente com a China coloque em nosso caminho. Se isso significa permitir que Putin tome um pedaço dos países bálticos, que seja. Quase metade da população da Estônia fala russo, de qualquer modo. Pode ser que Putin ainda seja festejado em Pequim, mas, no fundo, agora estamos do mesmo lado.

Como não conseguimos ver o quadro mais amplo que se afigurava? Reviver o período que antecedeu o conflito é um exercício doloroso. A neblina da guerra é sempre densa. Mas é justo dizer que o governo Trump deixou sua posição clara desde o começo. A primeira sugestão de um iminente confronto entre os EUA e a China veio durante a sabatina do Senado para a confirmação do secretário de Estado Rex Tillerson, em janeiro de 2017. Ele rompeu com uma antiga política sobre o disputado mar do Sul da China ao afirmar que os Estados Unidos negariam à China o acesso às ilhas em disputa e por ela reclamadas. Em muitas delas, o país asiático possui formidáveis bases militares. Tratou-se de uma grande ruptura na posição norte-americana, que até então havia mantido neutralidade formal nas disputas sobre o mar do Sul da China, ao mesmo tempo que fazia patrulhas para garantir a liberdade de navegação em suas águas internacionais. Tillerson rompeu com tudo isso. «O acesso da China àquelas ilhas não será permitido», disse ele aos senadores. Se necessário, a marinha dos EUA iria colocar-se entre a China e as ilhas. Poucos dias depois, o presidente Trump formou seu primeiro Conselho de Segurança Nacional (CSN). Ele seria chefiado por Michael Flynn, o antigo general que, em 2016, foi coautor de um livro que acusava a China de ser cúmplice do ISIS. Flynn era um sinófobo impenitente, bem como um fantasista. Antigos colegas de Pentágono costumavam falar ironicamente dos «fatos de Flynn»,[3] a versão do general para os «fatos alternativos» de Trump. Realmente espantosa, no entanto, foi a inclusão de Stephen Bannon no CSN. A nomeação de Bannon como estrategista político sênior de Trump já havia sido perturbadora o bastante — o ex-editor do *Breitbart News* é um autodeclarado leninista que gostaria de «explodir o sistema». A partir de então, ele passaria a ter o direito de participar de todas as reuniões dos altos funcionários do CSN. Enquanto isso, o diretor Nacional da Inteligência e o comandante do Estado-Maior dos EUA seriam incluídos apenas quando necessário. Dada a crença de Bannon num confronto iminente de civilizações entre o Ocidente o restante do mundo, nós deveríamos ter tirado conclusões mais drásticas.[4] Os conselhos que Trump estaria recebendo no campo da segurança nacional seriam dominados por homens que viam a China como o inimigo. Pior, tais conselhos ainda viriam sem o filtro das opiniões do chefe do Pentágono e das agências de inteligência. É difícil imaginar algum presidente dos Estados Unidos que precisasse mais de

---

3 Dana Priest, «The Disruptive Career of Michael Flynn, Trump's National-Security Advisor», *The New Yorker*, 23 nov. 2016

4 J. Lester Feder, «This Is How Stephen Bannon Sees The Entire World», *BuzzFeed*, 16 nov. 2016.

conselhos neutros do que Trump. O mundo foi brevemente tranquilizado um mês após a posse de Trump, quando este demitiu Flynn (supostamente por ter induzido o vice-presidente Mike Pence a erro a respeito da natureza de suas conversas com o embaixador russo) e nomeou H. R. McMaster, um general altamente respeitado. Mas McMaster não foi mais capaz do que o próprio presidente de conter os impulsos de seu chefe. Como oficial da ativa, ele também estava menos inclinado a fazê-lo.

Os primeiros estrondos vieram do comércio. Três dias antes do discurso de posse de Trump, Xi Jinping tranquilizou Davos afirmando que a China não desejava envolver-se em guerras comerciais. Logo após prestar o juramento para o cargo, Trump disse: «Nós enriquecemos os outros países, enquanto a riqueza, a força e a confiança de nossa própria nação se dissiparam no horizonte... A proteção conduzirá a uma maior prosperidade e força». Guiado por Peter Navarro, seu assessor sênior para o comércio e autor do livro *Morte pela China, como a América perdeu sua base manufatureira*, Trump gradualmente aumentou as medidas contra a China, impondo severas tarifas *antidumping* contra o aço, os semicondutores e peças de motor produzidas no país. A OMC deu ganho de causa à China em seus pleitos contra as ações norte-americanas. Trump imediatamente tuitou que ignoraria as decisões. «Acabaram-se os dias em que os Estados Unidos vendiam sua soberania em uma organização globalista viciada!», afirmou Trump. «A América está nessa para ganhar #grandedenovo.» Enquanto isso, após alimentar uma expansão econômica com o maior corte de impostos da história dos EUA, Trump brigou com o Banco Central, que havia começado uma série de aumentos na taxa de juros para prevenir um sobreaquecimento. O presidente demitiu Janet Yellen e nomeou para seu lugar Kevin Warsh, um falcão anti-inflacionário convertido em pomba. A confiança no dólar começou a despencar. Sentindo uma abertura, a China apresentou um plano para, em cinco anos, fazer do renmimbi uma moeda de reserva em pé de igualdade com o dólar. Após esgotar a opção da OMC em 2017, a China apresentou uma série de medidas de retaliação em meados de 2018. «Não podemos sentar-nos passivamente enquanto os Estados Unidos ateiam fogo no sistema mundial de comércio», disse Xi. Apesar de a China ter tomado o cuidado de calibrar seus passos «de maneira proporcional aos danos» causados pelos EUA, havia poucas chances de voltar atrás.

Em que ponto uma guerra «quente» tornou-se inevitável? Alguns dizem que isso aconteceu quando Trump ordenou que a Quinta Frota patrulhasse a apenas quinze quilômetros de distância da costa chinesa — algo tecnicamente permitido, mas altamente provocador, dadas as circunstâncias. A resposta da China — uma enxurrada de testes de mísseis balísticos intercontinentais recordando aos norte-americanos que suas cidades encontravam-se facilmente ao alcance das ogivas chinesas — veio apenas três semanas antes das eleições legislativas de 2018 e ajudou os republicanos a manterem o controle do Congresso, a despeito dos sinais de uma acentuada desaceleração econômica. O slogan eleitoral dos republicanos — «Firmes contra a China» — contrastava de maneira marcante com o dos democratas — «Fiéis aos valores da América» —, que não conseguiu esconder a crescente desunião no partido. Outros acham que já não havia como voltar atrás no momento em que, no começo do ano, Trump demitiu o secretário de Defesa Jim Mattis, que protestou com veemência contra sua exclusão de diversas reuniões-chave do CSN nas quais o tema da China foi discutido. Apesar de Mattis ter manifestado suas queixas de maneira privada, Trump o demitiu pelo Twitter, substituindo-o por Jeff Sessions, outro falcão no que diz respeito à China, que havia conquistado a admiração de Trump por sua atuação iconoclasta como procurador-geral. Com a demissão de Mattis, foi-se uma das últimas vozes de cautela. Na realidade, Mattis já tinha perdido havia muito tempo a confiança de Trump, ao mostrar-se contrário à ressurreição das «bases secretas» para prisioneiros do ISIS operados pela CIA. «Pessoas do círculo de confiança!» tuitou Trump, horas após demitir Mattis.

Em 2019, as coisas começaram a sair de controle. Impelido por sua vitória nas eleições legislativas e apoiado pelo crescente movimento «América em primeiro lugar», Trump começou o ano com ações para demonstrar que as classes médias ainda eram sua prioridade. Em uma enxurrada de decretos administrativos, o presidente anunciou que os Estados Unidos deixariam a OMC, afirmou que parceiros comerciais, como a China, teriam de fazer investimentos de raiz para igualar seus superávits comerciais com os EUA, além de impor uma série de tarifas de emergência sobre importações. As relações com a China afundaram. Encorajada pela agressão de Trump, a presidente de Taiwan, Tsai Ing-Wen, anunciou em junho que iria convocar um referendo sobre a independência da ilha no começo de 2020. Trump declarou que os EUA permaneceriam neutros. A reação da China foi rápida e provocadora. Após colocar suas forças em alerta máximo, Pequim deu um ultimato sem prazo a Taipei: unificação ou ocupação militar. As semanas seguintes foram um caos. A ordem pública entrou em colapso em Taiwan, enquanto patrulhas navais dos EUA e da China quase se chocavam no estreito de Taiwan. Nos ares, diversas colisões foram evitadas por um triz. As cidades chinesas foram paralisadas por queimas em massa de bandeiras dos EUA. A primeira-ministra britânica Theresa May, no momento de sua própria reeleição, deixou de lado temporariamente o Reino Unido pós-Brexit para tentar convencer Trump a moderar sua oferta a Taiwan. «O que aconteceu com o buldogue britânico?», tuitou Trump enquanto May voltava para casa de mãos vazias. Putin manteve o silêncio em público. Enquanto isso, a China aumentou as apostas de maneira dramática. Xi Jinping exigiu que os EUA retirassem seu grupamento tático do estreito de Taiwan ou que enfrentassem as consequências. A resposta de Trump foi imediata: «A América nunca irá recuar!» Horas mais tarde, o sistema de defesa de mísseis terra-ar da China abateu um caça norte-americano que havia penetrado no espaço aéreo chinês. Trump não esperou o relatório e ordenou uma saraivada imediata de ataques punitivos com mísseis contra a base naval chinesa na ilha de Hainan. Uma hora depois, um submarino nuclear chinês torpedeou o navio USS John McCain. Os dois países mais poderosos do mundo estavam na iminência de uma guerra nuclear. Um passo a mais teria desencadeado o conflito.

Foi então que Putin interveio. Verdade seja dita, ele estava empurrando uma porta aberta. Pressentido o Armagedom, Pequim havia solicitado uma intervenção diplomática de emergência, no mesmo momento em que o contratorpedeiro dos EUA estava se preparando. Apesar de Trump ter colocado as forças nucleares dos Estados Unidos no nível máximo de alerta, sua conta no Twitter permanecia estranhamente quieta. Enquanto isso, Taipei anunciou que estaria pronta para a abertura de conversas exploratórias sobre os possíveis termos de uma unificação com a China. Trump seria bem-vindo como observador amistoso. A China estava disposta a aceitar isso. Tudo o que Putin tinha de fazer era dissuadir Trump, e talvez ele fosse o único homem no planeta capaz de fazê-lo. Havia pelo menos mil chineses mortos, observou o presidente russo, mas apenas 74 norte-americanos. «Meu grande amigo Donald mostrou ao mundo que nunca recuará de uma briga», afirmou Putin, posando lado a lado com Trump nos jardins da Casa Branca. «Graças a você, ninguém mais questiona a grandeza dos Estados Unidos.» Após outra semana de vaivém diplomático, Putin presidiu a cerimônia de assinatura em Moscou. A crise imediata havia terminado. Todos sabiam que tanto a China quanto os Estados Unidos haviam ficado com o gosto amargo de um assunto mal resolvido e que, em algum momento, eles retomariam a briga. Putin havia negociado um cessar-fogo, não um tratado de paz; o mundo nunca mais seria o mesmo. Mas evitamos uma guerra nuclear. Além disso, a maioria das pessoas agora sabia de que lado estavam, ainda que com muitas dúvidas. Theresa May parabenizou Trump por demonstrar uma verdadeira liderança. O presidente dos Estados Unidos, por sua vez, conseguiu reunir a maior parte de seu dividido país em torno à bandeira. Seu índice de aprovação ultrapassou os 60%. As chances de um segundo mandato aumentavam. Os dias em que os falcões de política externa dos EUA debochavam da percepção que Trump tinha da realidade haviam acabado. A maioria deles estava entrando na linha.

Uma semana antes de Neville Chamberlain tomar seu famoso voo para Munique em 1938, John Maynard Keynes apresentou um artigo incomum para seus amigos artistas do Grupo de Bloomsbury. A razão de sua leitura, feita languidamente de uma *chaise longue*, era explorar o texto «Minhas primeiras crenças». Keynes possuía um daqueles raros intelectos capazes de perceber as conexões entre diversos campos.[5] Ele era um gênio dos números que adorava a estética, um erudito mundialmente reconhecido que navegava os corredores do poder de Whitehall, um economista que entendia a geopolítica melhor do que aqueles que a praticavam. Em Versalhes, em 1919, onde serviu como assessor econômico, Keynes percebeu de imediato que o tratado do pós-guerra tinha conseguido o pior de ambos os mundos. Os termos de Versalhes seriam lenientes demais para impedir que a Alemanha derrotada se recuperasse e punitivos demais para permitir uma conciliação. Ao perceber as consequências econômicas da paz, Keynes também previu suas ominosas implicações geopolíticas. Sua conferência na véspera da Segunda Guerra Mundial foi sobre o efeito que as décadas subsequentes tiveram sobre suas primeiras crenças.

Para um inglês de classe média ou alta nas década anteriores à Primeira Guerra Mundial, «a vida oferecia, a um baixo custo e com um mínimo de dificuldades, com conveniências, confortos e mimos além do alcance dos mais ricos e poderosos monarcas de outras eras», havia escrito Keynes, em sua monografia sobre Versalhes. Os confortáveis cidadãos da era eduardiana encaravam «esse estado de coisas como normal, certo e permanente, exceto na direção de maiores avanços». Eles viviam

---

5 Tenho uma dívida com Jonathan David Kirshner, da Universidade de Cornell, cujo trabalho «*Keynes, Early Beliefs and Why They Still Matter*» (*Challenges*, 58:5, dez. 2015) elucida de maneira brilhante a evolução do pensamento de Keynes.

em jubilosa ignorância, sem saber o que os atingiria. Como contou Keynes ao círculo de Bloomsbury, quase vinte anos depois: «Nós não sabíamos que a civilização era uma crosta fina e precária, construída pela personalidade e pela vontade de poucos, e mantida somente pelas regras e convenções habilmente estabelecidas e astutamente preservadas». O morticínio em escala industrial da Grande Guerra, a paz incompetente e mesquinha que se seguiu, o colapso da Liga das Nações e a assustadora ascensão da nova Alemanha eram agora terrivelmente familiares. Como era difícil, naquele momento, voltar a viver em sua mente pré-1914 — o racionalista de Cambridge que, acima de tudo, havia valorizado a beleza, a verdade e a busca do conhecimento, navegando inconscientemente para a guerra que deveria acabar com todas a guerras. Olhando em retrospecto, Keynes viu a si mesmo e sua geração como «aranhas d'água, leves e razoáveis como o ar, caminhando graciosamente sobre a superfície do rio, sem contato algum com as correntes e com os turbilhões submersos».

Alguma vez aprendemos com a história? Em caso afirmativo, os paralelos entre o mundo de hoje e o mundo de 1914 deveriam forçosamente nos tocar. Naquela época, tal como agora, as grandes economias mundiais estavam profundamente entrelaçadas. As décadas que precederam a Primeira Guerra Mundial marcaram um pico de globalização que a economia mundial recuperou apenas na década de 1990. Como hoje, as pessoas acreditavam que laços comerciais cada vez mais profundos tornavam a ideia da guerra algo irracional e, portanto, impensável. Elas tinham se tornado complacentes após décadas de paz. Havia, claro, o constante estalar de tiros à distância, como na Guerra dos Bôeres, na África do Sul, bem como escaramuças coloniais periódicas em quase todos os continentes. Mas o último conflito de verdade entre as «potências civilizadas» ocorrera havia mais de quarenta anos, na Guerra Franco-Prussiana de 1870-71. Mesmo então, tratou-se de algo estritamente bilateral. A última grande guerra europeia tinha sido finalizada quase um século antes, com a derrota de Napoleão em Waterloo. De maneira semelhante à minha própria geração, era improvável que alguém com a idade de Keynes tivesse experiência direta da guerra — ou verdadeiro temor de que seria tocado por ela. Assim como a Guerra dos Bôeres, a invasão do Iraque em 2003 ocorreu em outro fuso horário e seus combatentes vinham, em grande medida, de um exército de voluntários de classe baixa. O restante de nós continuou com as compras, como George Bush insistiu que fizéssemos. Ainda mais importante, havia muita vontade de comprar. Da mesma forma que nos maravilhamos com os produtos da Apple e com café artesanal, a geração de Keynes se deliciava com chá Darjeeling e motores de combustão interna.

Mas o eco mais sonoro é o geopolítico. O que pareceu óbvio aos contemporâneos de Keynes apenas em retrospecto, coloca-se diante de nós com clareza hoje. Os historiadores chamam isso de «armadilha de Tucídides», assim batizada por causa do historiador grego que registrou a resposta de Esparta à ascensão de Atenas. Como uma potência estabelecida reage à expansão de um desafiante em potencial. Ela deve antecipar-se à possível ameaça ou fazer ajustes para garantir que isso não aconteça. Esparta optou pela guerra contra Atenas e perdeu. Um estudo da Universidade de Harvard de 2012 examinou quinze casos desse tipo desde 1500 e descobriu que em onze deles a armadilha culminou em guerra.[6] Um exemplo foi a ascensão da Alemanha, no fim do século XIX e início do século XX. A Grã-Bretanha vitoriana era a potência hegemônica; a Alemanha de Bismarck, a desafiante. Em 1880, a Alemanha mal chegava a possuir um terço da produção manufatureira britânica. Em 1913, ela havia ultrapassado sua rival.[7] É impossível deixar de notar a similaridade com a China e os Estados Unidos de hoje. Em 1970, a China respondia por apenas 3% das manufaturas globais. No início da década de 2000, o país produzia mais do que os Estados Unidos. A China não apenas cresceu de maneira tão vertiginosa quanto a Alemanha no fim do século XIX, mas também vem expandindo seu poderio militar a uma velocidade igualmente preocupante. Antiga senhora absoluta dos mares, a marinha

---

6 Graham Allison, «The Thucydides Trap: Are the US and China Headed for War», *Atlantic*, 24 set. 2015.

7 David Calleo, «Introduction: Decline, American Style». In: Benjamin M. Rowland (org.), *Is the West in Decline? Historical, Military and Economic Perspectives*. Lanham: Lexington Books, 2016.

britânica passou, na prática, de um monopólio nas «águas próximas» da Europa à paridade com a Alemanha em menos de uma geração. Ela ainda mantinha uma boa vantagem global, mas, na Europa, as duas se defrontavam quase como iguais. A China também está desenvolvendo rapidamente uma marinha de alto-mar. Mais ainda, ela agora possui uma capacidade de negação marítima em seu entorno. As esquadras de porta-aviões dos Estados Unidos já não estão a salvo da ameaça chinesa de submarinos e mísseis antinavio. A China é capaz de impedir a primazia dos Estados Unidos na região da Ásia-Pacífico, mas não é poderosa o bastante para suplantá-la. Estamos entrando em um período de incerteza radical.

A trajetória era preocupante antes mesmo da eleição de Donald Trump. A posição inabalável de Washington desde o fim da Guerra Fria é a de que os Estados Unidos fariam o que fosse necessário para assegurar sua primazia na região da Ásia-Pacífico. Isso valia tanto para o governo Obama, cujo «pivô para a Ásia» tinha por objetivo conter a China, quanto para os de Bush e Clinton antes dele. Mas os meios pelos quais os EUA lograriam tal primazia tiveram de ser continuamente adaptados à velocidade de tirar o fôlego da ascensão chinesa. Durante os anos Clinton, a premissa de Washington foi a de que uma China em crescimento poderia ser facilmente cercada. O grande momento veio em 1996, após a China ter conduzido uma série de testes balísticos no estreito de Taiwan. Os testes aconteceram após os Estados Unidos terem convidado Lee Teng-hui, presidente de

Taiwan, para falar na Universidade de Cornell, o que Pequim interpretou como um enfraquecimento da «política de uma China única» por parte dos EUA. A China também suspeitava de que Lee tivesse simpatias separatistas. Clinton imediatamente ordenou que duas esquadras de porta-aviões se deslocassem à região, uma das quais, sob o USS Nimitz, patrulhou o estreito de Taiwan. Funcionou. A China voltou atrás e Lee foi reeleito por uma esmagadora maioria naquele ano. No entanto, a demonstração de força de Clinton também foi o gatilho de consequências imprevistas. Tirando as conclusões óbvias do revés sofrido, a China colocou suas energias num programa de modernização militar, comprando navios e submarinos da Rússia e investindo em uma nova geração de tecnologia militar. Como resultado disso, os Estados Unidos não possuem mais o controle naval inconteste sobre o entorno da China. O poder de um grande porta-aviões norte-americano não é páreo para submarinos nucleares furtivos ou para a potência dos mísseis antinavio chineses. A manobra de Clinton seria uma aposta muito mais arriscada hoje em dia. Os riscos de uma rápida intensificação seriam agudos. A China possui agora seu próprio porta-aviões — o Liaoning — e está construindo outros dois. «As pessoas costumavam dizer que os porta-aviões permitiam aos Estados Unidos projetarem poder sem entrar em guerra», afirma Hugh White, o principal sinólogo da Austrália. «No futuro, os Estados Unidos terão de entrar em guerra antes de poderem enviar seus porta-aviões».[8]

Bill Clinton também tinha outra carta que já não parece funcionar como um ás: a fé inabalável de Washington na marcha da história. À medida que a China se desenvolvesse, suas classes médias exigiriam mais liberdade. O capitalismo não poderia amadurecer a menos que a sociedade desse rédea solta ao mercado de ideias. Tudo o que o Ocidente precisava fazer era atrair cada vez mais a China para a economia global, e os detalhes se arranjariam sozinhos. Além disso, a tecnologia libertaria de maneira progressiva a crescente classe média chinesa. Como colocou Jagdish Bhagwati, um importante economista especializado em comércio internacional, «o PC (Partido Comunista) não é compatível com PC (computador pessoal)».[9] Isso foi uma grande aposta. Na realidade, o Consenso de Washington interpretou mal a natureza do desenvolvimento chinês. Quanto melhor Pequim o administrava, mais dividendos políticos colhia. Tratava-se, é claro, de uma faca de dois gumes: se o crescimento diminuir, a legitimidade política de Pequim pode ser colocada em dúvida. Mas essa perspectiva era puramente acadêmica na década de 1990. A China continuou crescendo sem, no entanto, demonstrar nenhum sinal de

---

8   Hugh White, *The China Choice: Why We Should Share Power*. Oxford: Oxford University Press, 2012.

9   Jagdish Bhagwati, «A New Vocabulary for Trade», *YaleGlobal Online*, 4 ago. 2005.

apoio à democracia multipartidária. No fim de 2009, acompanhei o presidente Obama em sua primeira visita à China. Foi uma experiência que me fez refletir. Obama chegou oferecendo à China um papel no G2 como coadministradora, junto com os Estados Unidos, dos principais problemas transnacionais do mundo, principalmente mudança climática e terrorismo. Ele também trouxe uma mensagem familiar: «A prosperidade sem liberdade é apenas outra forma de pobreza», disse Obama a seus anfitriões. O sermão do presidente norte-americano claramente irritou Pequim, que fez tudo a seu alcance para humilhá-lo. Hu Jintao, o presidente chinês de então, negou o pedido de Obama para transmitir um evento com estudantes na televisão estatal. Tanto Clinton quanto Bush receberam permissão para fazê-lo. Os chineses também recusaram o pedido de Obama para uma entrevista coletiva completa no Grande Salão do Povo. Empregados carrancudos do Bureau de Segurança Pública, fumando e com a barba por fazer, perambulavam do lado de fora do quarto de Obama em Xangai. Na cúpula sobre aquecimento global realizada em Copenhague, semanas mais tarde, os chineses se recusaram a assumir o papel no G2 ao qual Obama os havia exortado.

A esnobada chinesa deu a Obama um áspero ensinamento sobre os meandros da geopolítica. Mas ele era um bom aluno. Um ano mais tarde, ele lançou o «pivô para a Ásia». Apesar de Obama ser instintivamente realista, o «pivô para a Ásia» estava baseado numa visão de mundo fundamentalmente neoconservadora, compartilhada por Hillary Clinton. Se a China se aferrasse a seu caminho autocrático, ela representaria uma crescente ameaça aos demais. Da mesma forma, se ela abraçasse um sistema político ao estilo ocidental, seria possível esperar que se comportasse dentro das leis. O «pivô para a Ásia» nasceu da visão pessimista de que a China não estava dando mostras de democratização. De agora em diante, o Pentágono dividiria suas forças igualmente entre o Atlântico e o Pacífico. Anteriormente, o posicionamento global dos Estados Unidos era distribuído numa proporção de 60:40 em favor do Atlântico. Os Estados Unidos abririam novas bases em Darwin, na Austrália, bem como nas Filipinas. Washington também adotaria uma posição mais robusta sobre as ilhas disputadas no mar do Sul da China — aquilo que Pequim chama de primeira cadeia de ilhas. Obama adotou uma posição de soma zero que coloca a China e os EUA em rota de colisão. Os Estados Unidos se comprometiam a resolver a disputa de soberania por meio do direito internacional. A China estava igualmente comprometida a fazer valer unilateralmente suas reivindicações sobre as ilhas. Cada uma das posições só ficou mais rígida. Nenhum dos dois países pode recuar sem perder a face. Se os EUA aceitassem as reivindicações da China, eles estariam essencialmente concedendo a primazia regional ao país asiático. Se a China aceitasse a arbitragem imposta pelos Estados Unidos, estaria se submetendo à hegemonia norte-americana. É difícil, se não impossível, imaginar algum dos países retrocedendo.

Rex Tillerson aumentou a aposta ainda mais. O futuro colocará *A arte da negociação* de Trump contra *A arte da guerra* de Sun Tzu. Não restam muitas dúvidas sobre qual abordagem é a mais astuta. Meu cenário de guerra entre os Estados Unidos e a China foi desencadeado por apenas uma de uma crescente massa de armadilhas ocultas sino-americanas.

As chances de Trump ameaçar a China de maneira casual e terminar atraído para uma dinâmica que não é capaz de controlar devem ser levadas muito a sério. Como Bismarck afirmou certa vez, «a guerra preventiva é o equivalente a cometer suicídio por medo da morte». É possível imaginar que Trump esteja possuído por algum espírito mórbido. Mais preocupante, no entanto, é sua orgulhosa ignorância sobre como outros países pensam — e, portanto, sobre como rivais (a China, por exemplo) interpretarão suas ações. Como Sun Tzu, Carl von Clausewitz e outros observaram no passado, a chave para a boa diplomacia é colocar-se no lugar de seu oponente. Reduzir as oportunidade de confusão é a melhor maneira de prevenir conflitos. Mesmo os predecessores muito mais bem informados de Trump tiveram dificuldades em ver o mundo pelos olhos da China. Trata-se de um hábito difícil de abandonar. De modo geral, o Ocidente impôs suas preocupações à China por mais de duzentos anos. De Hegel a John Stuart Mill, nossos maiores filósofos unanimemente consideraram a China uma causa perdida para a modernidade. Cada um tinha razões diferentes para fazê-lo. Hegel e depois Marx classificavam a China como um despotismo oriental. Mill a via como uma civilização repleta de falhas. Os darwinistas sociais colocavam os chineses entre as raças inferiores. Max Weber afirmou que a cultura do confucionismo impediria a ascensão do capitalismo, uma vez que ela não possuía o conceito de vida após a morte. Vale a pena acrescentar que nenhum desses pensadores jamais pisou na China?[10]

Cada um desses preceitos, alguns altamente excêntricos, foi desmentido pela ascensão da China. «Os panfletos e tratados das potências coloniais do início do século xx revelam uma notável arrogância, como se elas tivessem o direito de moldar o mundo com suas máximas», escreve Henry Kissinger, que conhece bem a China.[11] No entanto, continuamos substituindo um prognóstico fracassado por outro. Na década de 1990, Paul Krugman, vencedor do Prêmio Nobel de Economia, desprezou o milagre de crescimento da Ásia como sendo uma «miragem». As economias asiáticas estavam simplesmente mobilizando recursos, como a União Soviética havia feito. Seu modelo teria

---

10 Para saber mais sobre este assunto, consultar o ensaio de Lanxin Xiang: «Decline and Rise of China: A New Perspective». *In*: Benjamin Rowland (org.), *Is the West in Decline? Historical, Military, and Economic Perspectives*. Lanham: Lexington Books, 2015.

11 Henry Kissinger, *A ordem mundial*. Lisboa: Dom Quixote, 2014.

o mesmo destino daquele de Stálin.[12] Nossa previsão mais recente — a de que a China está num caminho, sem volta, para a democracia — não está se saindo melhor. O que parece aos ocidentais (e eu mesmo não sou uma exceção) como algo evidentemente positivo soa aos ouvidos chineses como apenas mais um exemplo de zelo missionário. Existe «uma premissa inconsciente profundamente arraigada de que o Ocidente permanece, de uma maneira ou outra, uma civilização moralmente superior», escreve Kishore Mahbubani, um dos maiores analistas de política externa de Singapura.[13]

O segredo do caráter diplomático de cada país está inscrito em sua imaginação popular. Se você perguntar aos britânicos que evento histórico os deixa mais orgulhosos, a maioria escolheria os dias mais negros da Segunda Guerra Mundial, quando a Grã-Bretanha encarou sozinha a Alemanha nazista. Muitos também mencionariam a derrota da Invencível Armada espanhola durante o reinado de Isabel I, ou a vitória sobre Napoleão. Os maiores medos da Grã-Bretanha, bem como seus mais profundos triunfos, sempre coincidiram com a unificação da Europa sob um único poder. O passado nunca está verdadeiramente

---

12 Paul Krugman, «The Myth of Asia's Miracle», *Foreign Affairs*, 73:6, nov.-dez. 1994.

13 Kishore Mahbubani, *The Great Convergence: Asia, the West, and the Logic of One World*. Nova York: Public Affairs, 2013. Talvez o livro mais convincente sobre a ambivalência asiática diante da liderança dos EUA.

morto. Ele nem sequer é passado. A votação do Brexit em 2016 foi a versão contemporânea da ruptura de Henrique VIII com Roma. A maioria dos americanos provavelmente indicaria a derrota das potências do Eixo na Segunda Guerra Mundial e a vitória sobre a União Soviética na Guerra Fria. Muitos mencionariam também a constituição dos Estados Unidos, enquanto outros citariam a chegada do homem à Lua, ou talvez a internet. Cada exemplo reflete a crença profundamente enraizada dos norte-americanos em suas próprias liberdades, bem como em sua expansão para os demais. Basta pensar no «Império da Liberdade» de Jefferson e na «Agenda da Liberdade» de George W. Bush. O que traz orgulho aos chineses? Perguntei a Eric Li, um investidor de fundos privados que mora em Xangai, quais eram os dois eventos históricos que ele valorizava acima de todos os outros. O primeiro foi a detonação da bomba de hidrogênio pela China, em outubro de 1964, que provava que o povo chinês havia «se levantado», como Mao prometera em 1949. «Foi algo extraordinário porque a República Popular tinha apenas quinze anos de idade e era muito pobre», afirmou Li.[14] O teste também provou que a China era capaz de alcançar o Ocidente no campo tecnológico. O segundo foi a transferência do domínio de Hong Kong da Grã-Bretanha para a China, em 1997. Essa entrega «fechou a cortina do ‹século de humilhações› da China nas mãos de invasores estrangeiros». Ambos os exemplos de Li mostram

---

14 Em correspondência por e-mail com o autor.

o desejo profundamente enraizado no país de ser tratado com respeito e dignidade.

Infelizmente, o Ocidente continua mudando as regras do jogo. Foi apenas no início da década de 1990, anos após o tratado sino-britânico sobre Hong Kong, que o Reino Unido introduziu uma pequena quota de democracia representativa na cidade-estado. Os novos poderes do conselho legislativo de Hong Kong não eram páreo para os do governador nomeado por Londres. Em parte, tratava-se de uma questão de tom. O modelo de «um país, dois sistemas» com o qual a China concordou é muito mais democrático do que qualquer coisa que o Reino Unido jamais concedeu a Hong Kong. No entanto, mesmo hoje, parlamentares britânicos protestam ruidosamente quando a China não se comporta à altura de suas promessas democráticas. É como se a China Manchu tivesse acabado de devolver as ilhas do Canal da Mancha para a Grã-Bretanha, após tê-las capturado no século XIX, para depois passar os vinte anos seguintes importunando o Reino Unido sobre a melhor maneira de governá-las. A China pode facilmente deixar de lado a atitude de «dois pesos e duas medidas» britânica: afinal, Londres está passando a ter uma postura mais mercantilista, na qual estende o tapete vermelho ao país asiático. Os Estados Unidos são um caso diferente, bem como Taiwan. Os incentivos para a China manter uma relativa liberdade em Hong Kong estão menos ligados às obrigações contraídas com a Grã-Bretanha do que à ideia de convencer Taiwan de que seu estilo de vida estaria seguro sob um governo chinês. Taiwan é o grande prêmio; Washington, o grande obstáculo. É importante ver a disputa sob o ponto de vista da China. Desde que Washington proclamou a doutrina Monroe, em 1823, os Estados Unidos trataram qualquer interferência no hemisfério ocidental como uma ameaça a seu interesse nacional. Isso inclui Cuba, que os EUA ajudaram a libertar do domínio colonial espanhol em 1898. A ilha do Caribe nunca caiu sob a soberania norte-americana. No entanto, John F. Kennedy estava disposto a arriscar uma guerra nuclear com os soviéticos devido à transferência de mísseis da URSS para Cuba. Por outro lado, Taiwan foi não apenas historicamente parte da China, mas é reconhecida como tal pelos Estados Unidos e pela maior parte do mundo. Ela separou-se da China continental apenas em 1949, quando o derrotado Kuomintang fugiu para lá após a revolução comunista. Taiwan foi protegida da ira de Mao pelos Estados Unidos. Hoje, navios de guerra com armas nucleares fazem patrulhas regulares a quinze quilômetros da costa da China. O que aconteceria se navios de guerra chineses com armas nucleares fossem avistados na costa da Virgínia? Como Washington responderia se drones chineses matassem separatistas exilados na América Central, ou mesmo na Ásia Central? Não com calma, podemos presumir.

Até Trump, Washington podia argumentar que o mundo só poderia confiar nos EUA para desempenhar o papel de polícia global. Na posição de uma autocracia sem aliados, a China carecia dos meios elementares para defender os bens comuns globais. As guerras preventivas de Bush Júnior danificaram seriamente as credenciais unipolares dos Estados Unidos. A vitória de Trump estraçalhou-as. É questionável se Humpty Dumpty pode ser reconstruído. Uma pergunta mais séria é se a China aspiraria a tal papel, mesmo que conseguisse convencer o restante do mundo a aceitar isso. A história da China lança muitas dúvidas sobre tal teoria. No começo do século XV, noventa anos antes de Cristóvão Colombo zarpar para o Novo Mundo, a China reuniu a maior frota naval até então conhecida, sob o comando do almirante Zheng He. A frota fez várias missões para o Sul e para o Oeste, indo até a embocadura do Mar Vermelho e descendo a costa oriental da África. No entanto, ela não fundou colônias pelo caminho. Durante a viagem final de Zheng, ele devolveu os emissários estrangeiros que havia levado em viagens anteriores. Mesmo durante o ponto máximo de seu poder imperial, a China preferiu difundir sua cultura por osmose a difundir pela conquista. Como aponta Kissinger, tanto os EUA quanto a China veem a si próprios como excepcionais.[15] Mas a versão chinesa do excepcionalismo é única. Os outros eram encorajados a copiar a cultura da China e pagar tributos; os que se recusavam eram tratados como bárbaros e forçados a entrar na linha. Mas o país raramente buscou exportar seu modelo à força ou colonizar outras terras. A última vez que a China puniu um recalcitrante foi em 1979, quando o Exército

---

15 Kissinger, A ordem mundial.

de Libertação Popular atravessou a fronteira, invadiu o Vietnã e lhe deu uma surra. Em seguida, a China prontamente se retirou. Antes disso, houve a guerra sino-indiana de 1962, na qual as forças chinesas venceram a resistência indiana, mas se detiveram ao chegar à linha que Pequim alegava ser a fronteira correta. Tratou-se menos de uma guerra para colocar a Índia em seu lugar do que de uma guerra para retificar o século de humilhação chinesa: os britânicos haviam movido a fronteira indiana para leste no século XIX, num momento de fraqueza da China. Hoje em dia, Taiwan permanece sendo, de longe, o maior negócio inacabado da China. Somente os EUA continuam no caminho. Sob Trump, os dois grandes países parecem quase destinados a se envolver em algum tipo de crise.

Suponhamos que Donald Trump tome algum tipo de pílula mágica que lhe dê uma súbita sede de conhecimento. Como isso alteraria o que ele pensa do mundo? Em primeiro lugar, ele passaria a gostar de seus aliados e a cultivá-los, em vez de acusá-los de se aproveitarem dos Estados Unidos. Não faz sentido adotar uma atitude beligerante contra a China e, ao mesmo tempo, insultar seus vizinhos. Ele também tentaria colocar-se em seus lugares. Isso significaria demitir Peter Navarro e reviver a Parceria Transpacífico, que inclui o Japão, a Coreia do Sul, o Vietnã, a Austrália e outros seis países — mas não a China. Em lugar disso, Trump preferiu lançar os aliados regionais dos EUA nos braços da China. Até mesmo a Austrália, que mais se aproxima dos valores norte-americanos, quer participar do grupo comercial rival chinês, a Parceria Econômica Regional Abrangente. O Trump pós-pílula também tranquilizaria o Japão, confirmando que o país continuaria sendo um aliado próximo dos Estados Unidos, sob seu guarda-chuva nuclear. Quanto mais seguro o Japão se sentir, menor é a probabilidade de desenvolver suas próprias armas nucleares — algo de que seria capaz em questão de meses. Trump também prestaria muito mais atenção na Índia, o único país na Ásia capaz de servir de contrapeso à China. Depois de tomar uma segunda pílula, Trump também entenderia a lógica de construir relações mais próximas com a China. A velha mentalidade afirma que você não pode se aproximar da China e do Japão ao mesmo tempo. O Trump pré-pílula acredita que você pode afastar os dois ao mesmo tempo. A nova mentalidade transcenderia essa visão de mundo binária. Os Estados Unidos não iriam nem se retirar da Ásia, nem insistir em uma primazia absoluta. Em lugar disso, promoveriam um equilíbrio de poder regional, com os EUA tendo o voto decisivo. O Trump pós-pílula também faria todos os esforços para assegurar à China que os Estados Unidos veem um conflito militar como um desastre do qual ninguém sairia vencedor. Da mesma maneira, encorajaria Taiwan a abrir suas próprias negociações acerca do «um país, dois sistemas». A importância de Taiwan para a China ultrapassa de maneira dramática qualquer interesse que os EUA possam ter no status da ilha. Seria loucura arriscar a estabilidade global por isso.

Após digerir a visão de mundo chinesa, Trump entenderia também o quanto Pequim se preocupa com sua estabilidade interna. O medo da dominação chinesa seria substituído pela apreensão com seu colapso. À medida que o crescimento da China se desacelera e o septuagésimo aniversário de sua revolução se aproxima, Xi Jinping será tentado a buscar aumentar seu apoio com manobras diversionistas de cunho nacionalista. Ele provavelmente recrudescerá a repressão contra a dissidência na internet. O Estado revolucionário mais duradouro da história desapareceu após 74 anos com a queda da União Soviética. O mandato presidencial de Xi Jinping está previsto para terminar em 2022, exatamente 73 anos após a revolução chinesa. Seria um desastre se Xi rompesse com o precedente chinês e prolongasse sua permanência no poder. O país se fragmentaria em uma nova era de estados em conflito, que levariam o mundo a uma recessão e desestabilizariam a Ásia. De minha parte, acho a fragmentação da China algo improvável. Mas o país esteve unificado por menos da metade de seus 2.200 anos de história. Da mesma maneira que os Estados Unidos temem a competição ideológica e a Grã-Bretanha historicamente temeu um continente unificado, a paranoia constante da China é a dissolução interna. Quanto melhor Trump entendesse as ansiedades de Xi, mais ele seria capaz de acalmá-las. Por fim, Trump aprenderia a dizer «oi» em mandarim. Um pouquinho de esforço gera grandes resultados.

Infelizmente, esse tipo de pílula não existe. E, mesmo que existisse, Trump provavelmente se recusaria a tomá-la. O espírito que o anima é fazer a desmoralizada classe média norte-americana sentir-se bem consigo mesma. Seu objetivo é canalizar a raiva, não cultivar o conhecimento. Ao fazê-lo, ganha uma licença para satisfazer seus impulsos mais autoritários. A China é o alvo externo mais óbvio, mas ela é um bode expiatório, não o culpado. Os trabalhadores chineses estão sujeitos às mesmas forças de automação que seus pares norte-americanos — e sofrem com uma desigualdade ainda maior. O potencial para uma revolta populista na China não pode ser desprezado. Teoricamente, os EUA ainda possuem mais força do que qualquer outro país para moldar o caráter futuro de um mundo multipolar. Mas Trump está desperdiçando rapidamente o estoque de boa vontade com o país. Dias após sua posse, ele já havia matado o que restava do espírito de interesse próprio esclarecido que definiu grande parte dos Estados Unidos do pós-guerra. Churchill descreveu o programa norte-americano de ajuda *lend-lease* à Grã-Bretanha no início da Segunda Guerra Mundial como «o ato mais não sórdido da história». Na melhor das hipóteses, Trump está se desenhando como o mais sórdido líder jamais produzido pelos Estados Unidos. Na pior das hipóteses, ele poderia inadvertidamente levar o país a uma guerra com a China e desencadear um conflito contra todo o Oriente Médio. Trump é narcisista demais para mudar para melhor. A estabilidade do planeta — e a presunção de moderação — terá de ficar nas mãos de Xi Jinping e de outros líderes poderosos. A fim de impedir o desastre, o restante do mundo não terá outra alternativa além de tentar se colocar no lugar de Trump. Todos nós precisamos daquela pílula mágica agora.

O nacionalismo populista está de volta justamente quando a cooperação global é mais necessária. Tem havido muito foco no declínio dos Estados Unidos — eu mesmo cheguei a escrever um livro sobre o assunto: *Time to Start Thinking: America and the Spectre of Decline* (2012). O declínio relativo dos Estados Unidos é real. Mas o quadro mais amplo é ainda mais perturbador. Todos os tipos de governo — democráticos e autoritários, pequenos Estados e superpotências — estão perdendo a capacidade de se antecipar aos acontecimentos, e, portanto, perdendo os meios de os moldarem. Os dias em que líderes nacionais conseguiam olhar à frente e evitar os perigos vindouros estão ficando para trás. A melhor política externa é executada por mentes calmas, de posse dos fatos — e protegidas da pressão para anunciar absolutos morais instantâneos. Quanto mais tempo os líderes têm para sopesar suas opções, maior é a probabilidade de que escolham a correta. A velocidade da mudança tecnológica trabalha contra eles. É uma tragédia que a democracia esteja em retirada neste momento. De certo modo, todos nós acreditamos que as autocracias são mais eficientes do que as democracias. Trata-se de um mito. Durante a Segunda Guerra Mundial, os dois beligerantes mais eficientes eram, de longe, a Grã-Bretanha e os Estados Unidos. Mesmo durante os momentos mais sombrios da guerra, a suspensão da maior parte das liberdades políticas não esteve em questão.[16] O grau de confiança pública em ambos os países permitiu que seus governos em tempo de guerra requisitassem recursos e os direcionassem a um fim comum por meios voluntários, e não por coerção. Por outro lado, Hitler e Stálin desperdiçaram enormes recursos e inteligência estratégica ao colocarem seus sequazes uns contra os outros. A paranoia dos homens fortes tem um peso muito maior do que a suposta eficiência de seus métodos. A confiança é a cola de uma sociedade livre bem-sucedida; o medo é a moeda do autocrata. Neste momento, precisamos desesperadamente da primeira. Segundo essa medida — a mais importante de todas —, Trump é um autocrata sem pruridos. Quanto mais resistência ele encontrar, mais semeará a discórdia. A tecnologia é amiga de Trump, a ciência, sua inimiga.

A primeira grande era moderna da ciência achou seu correspondente nas relações entre Estados. A Paz de Westfália, que nasceu em 1648, colocou em movimento um novo sistema no qual cada Estado podia escolher sua própria natureza confessional: protestante ou católica. Cada um também se comprometeu a respeitar a natureza interna dos demais Estados ao

---

16 Não se trata de diminuir a vergonhosa detenção de americanos de origem japonesa em campos de prisioneiros ordenada por Roosevelt nem a decisão britânica de prender todos os nacionais alemães, incluindo refugiados judeus.

mesmo tempo que respeitava os direitos de suas próprias minorias internas. A Paz de Westfália pôs fim à guerra hobbesiana de todos contra todos que havia reduzido a Europa a cinzas e estabeleceu um mecanismo que poderia ser equiparado às leis da física newtoniana.[17] O mesmo princípio subjaz ao concerto europeu pós-napoleônico que manteve a paz por quase um século. Os Estados não interfeririam na política interna uns dos outros. À medida que a Alemanha de Bismarck ascendeu e rompeu o equilíbrio, a física newtoniana cedeu lugar à darwiniana sobrevivência do mais forte. A biologia substituiu a mecânica e gerou as duas guerras mais genocidas de nossa história.

Que ciência corresponde ao mundo do século XXI? Pelos padrões de hoje, seria uma proeza se conseguíssemos retornar a alguma espécie de ordem westfaliana. Mas as forças que trabalham contra a estabilidade são demasiado avassaladoras para imaginarmos que podemos voltar atrás. A desordem em ascensão e a crescente aleatoriedade dos acontecimento, bem como a taxa exponencial de mudança tecnológica, estão nos transformando em partículas erráticas. Estamos nos movendo em direção a um mundo browniano. A definição apresentada pelo *Oxford English Dictionary* para movimento browniano é: «o movimento oscilatório irregular observado em partículas microscópicas ou ‹moléculas› de todos os tipos suspensas em um fluido límpido; também chamado de *movimento*

---

17 Em *A ordem mundial*, Kissinger resume bem a analogia.

molecular». Isso também descreve a era digital. O pico de bytes em um mundo interconectado favorece o caos cibernético. Resumindo, estamos entrando num período em que a instabilidade está crescendo e o centro terá de lutar para se manter.

Ao escrever *Nothing is True and Everything is Possible,* um dos livros que melhor captura o espírito de nosso tempo, Peter Pomerantsev conheceu o braço direito de Vladimir Putin, Vladislav Surkov. Chamando a si mesmo de «tecnologista político», Surkov criou as ferramentas que Putin usa para desviar a atenção, semear a confusão e nivelar o campo de jogo entre a verdade e a mentira. Surkov é algo como um gênio do mal: ele entende que a fraqueza humana — a capacidade de ser distraído e o desejo de ser libertado do tédio — é como massa de modelar nas mãos de um mestre tecnológico. No fim da era soviética, as pessoas já não acreditavam no comunismo, mas eram forçadas a viver como se acreditassem. Agora, elas vivem numa sociedade de simulação na qual uma farsa democrática substituiu aquele velho conjunto de crenças. Surkov também escreve ficção sob o pseudônimo de Natan Dubovitski. Egor, o anti-herói de seu romance *Quase zero,* é uma espécie de «Hamlet vulgar», capaz de enxergar a superficialidade de seu tempo, mas incapaz de ter sentimentos verdadeiros por qualquer pessoa ou coisa. Pouco antes de Putin anexar a Crimeia em 2014, Surkov/Dubovitski publicou um conto chamado *Sem céu*. Ele se passa num futuro próximo, após a «quinta guerra mundial, a primeira guerra não linear de todos contra todos». Ninguém sabe de que lado está, quem está combatendo e por quê. «Nas guerras primitivas dos séculos XIX e XX, era comum que apenas dois lados lutassem», escreve Surkov. «Dois países, dois blocos de aliados. Agora, quatro coalizões entraram em choque. Não dois contra dois, ou três contra um. Todos contra todos.» Quem mais se beneficia são aqueles capazes de explorar as forças do caos, em lugar de trabalhar contra elas. Putin é o exemplo. Seu uso da guerra de informação e de operações psicológicas na Crimeia criou uma miopia suficientemente grande para pegar os ucranianos no contrapé. Nada era verdade. Tudo podia ser negado. Trump é um aluno dos métodos de Putin. Ele acredita que o sistema está viciado. Stephen Bannon, que quer «explodir o sistema», está emergindo como o Surkov de Trump.

O mundo está navegando em direção a uma neblina que Keynes reconheceria como uma radical incerteza. O nacionalismo está retornando ao mesmo tempo que a tecnologia derruba os muros entre as nações. Nenhuma quantidade de cimento e tijolos, ou de Linhas Maginot cibernéticas, é capaz de deter esse fluxo. Isso está criando dois desafios existenciais para o mundo no futuro. O primeiro é a mudança na natureza das relações entre as nações. O segundo é uma convulsão no caráter interno dos Estados. Cada um deles reforça e se alimenta do outro. O maior dever de cada Estado é proteger a nação de seus inimigos. Na era pré-nuclear, isso era feito com exércitos de grande escala. Durante a era nuclear, houve um movimento em direção às armas de destruição em massa. Apesar de a Guerra Fria ter tido algumas ocasiões muito próximas de um conflito, sobretudo durante a Crise dos Mísseis de Cuba, em 1962, os norte-americanos e os soviéticos gradualmente passaram a entender os sinais recíprocos. Finalmente, cada um tornou-se capaz de ler fluentemente a gramática nuclear do outro. Após 1962, os dois lados estabeleceram uma linha direta nuclear e chegaram até a acordar trocas de pessoal com o objetivo de minimizar o risco de uma guerra por acidente. A doutrina da destruição mútua assegurada funcionou porque estava baseada em um entendimento entre dois atores altamente organizados. Desde o fim da Guerra Fria, a Rússia e os Estados Unidos cortaram drasticamente seus arsenais nucleares; hoje, eles são aproximadamente um décimo do que foram em seu ponto máximo.

No entanto, o mundo nuclear de hoje é muito mais perigoso do que o da Guerra Fria. Em lugar de cinco Estados nuclearizados — os membros permanentes do Conselho de Segurança das Nações Unidas (a URSS, os EUA, a França, a China e o Reino Unido) —, hoje temos nove. Israel, Índia, Paquistão e Coreia do Norte entraram para o clube. Esse número pode chegar a quinze em pouco tempo. As barreiras à entrada no clube nuclear não param de cair. Países considerados capazes de uma rápida transição nuclear incluem Japão, Egito, Austrália, Turquia, Arábia Saudita e Irã. Além disso, os dois grandes Estados com armas nucleares, Rússia e Estados Unidos, não possuem mais tanta intimidade com os protocolos um do outro. A confiança se foi. Sob Putin, a Rússia é um guardião muito menos responsável do que foi durante as décadas pós-Cuba. Enquanto isso, a China e a Índia estão envolvidas em sua própria corrida armamentista não declarada: a dissuasão nuclear chinesa é voltada primariamente para os EUA; a da Índia, para conter o Paquistão. O Paquistão — que operou seu próprio Walmart nuclear sob A. Q. Khan, na década de 1990, o que permitiu que a Coreia do Norte lançasse seu programa — também está modernizando rapidamente seu arsenal. Na era de Trump, o espectro de uma acelerada proliferação nuclear é o maior desde a invenção das armas nucleares.

O controle nuclear é, fundamentalmente, um problema vertical, de cima para baixo. Ele não pode ser resolvido pela sociedade civil; é algo que nunca acontecerá sem a participação norte-americana. Barack Obama fez o máximo que pôde. Estive em Praga com Obama em 2009, quando ele proferiu o famoso discurso conclamando por um mundo com zero armas nucleares.[18] Um objetivo louvável, mas que não foi muito longe. No entanto, Obama declarou corajosamente que se tratava de algo urgente e fez um esforço para lançar um diálogo global. Donald Trump não demonstrou interesse pelo assunto. Antes de assumir o governo,

---

18 Vale a pena ler a íntegra do discurso de Obama, disponível em: <https://www.ploughshares.org/issues-analysis/article/obamas-prague-speech-
-world-without-nuclear-weapons>..

seu conhecimento sobre armas nucleares era abaixo de rudimentar. Durante um dos debates presidenciais, Trump deixou claro que não tinha ideia do que era a tríade nuclear (capacidade de lançamento por ar, terra e mar). Ele também é o primeiro presidente dos EUA a especular abertamente sobre seu uso. «Alguém do Estado Islâmico nos atinge — você não reagiria com uma arma nuclear?», disse ele em uma entrevista de campanha.[19] Durante a presidência de Trump, a proliferação nuclear global quase certamente irá piorar. Na verdade, ele conclamou expressamente a uma nova corrida armamentista atômica: «[Se] for para os países possuírem armas nucleares, nós estaremos no topo», disse ele, pouco após assumir a presidência.[20]

Da mesma forma que acreditávamos que a história havia chegado ao fim, também acreditávamos ter entrado em uma era pós-nuclear. Pelo contrário, o risco de um conflito nuclear nunca foi tão elevado. A ameaça de uma guerra cibernética foi adicionada à equação; ela coloca um problema oposto ao da dissuasão bilateral da Guerra Fria. As armas cibernéticas são o topo da guerra assimétrica. Elas não apenas estão à disposição de múltiplos atores —

---

19 Uma vez mais, vale a pena assistir Trump falando sobre armas nucleares. Entrevisa com Chris Matthews, MSNBC: <https://www.msnbc.com/hardball/watch/donald-trump-won-t-take-nukes-off-the-table-655471171934>.

20 Robert McMillan, «The Warhead at the top of the pack, *Reuters*, 24 fev. 2017.

incontáveis, se você incluir atores não estatais —, mas, com frequência, é impossível saber quem está atacando. Foi uma filial do Kremlin ou um delinquente russo? Um grupo do Exército de Libertação Popular ou de hackers niilistas? O Estado Islâmico ou o Irã? Se você não sabe quem o está atacando, ou quem será o próximo a atacá-lo, como é possível dissuadi-los com a ameaça de retaliação?

Mesmo que você seja capaz de identificar o atacante, é difícil saber qual seria o contra-ataque apropriado. Um ataque virtual merece uma resposta cinética? Supondo que houvesse um ataque cibernético contra o controle de tráfego aéreo dos Estados Unidos, causando uma colisão em pleno voo, com centenas de vítimas fatais. Ou então, um apagão que levasse a um aumento na mortalidade. Supondo também que você soubesse a identidade do atacante. Uma resposta militar seria adequada? Em caso negativo, por que não? Em caso afirmativo, onde parar? A linha entre realidade e realidade virtual está se desfazendo. Alguns dos melhores estrategistas dos Estados Unidos vêm trabalhando nesse problema há quase uma década, sem chegar a uma doutrina clara. A destruição mutuamente assegurada não funciona, mas nada surgiu para tomar o seu lugar. O Comando Cibernético dos Estados Unidos acredita que a próxima guerra mundial começará no ciberespaço. Sem dúvida, eles estão pregando a partir de seu próprio livro. Mas também estão certos em sua preocupação de que a tentação de atacar furtivamente é irresistível num campo de batalha em que não há regras de combate, tampouco limites para o próprio campo de batalha. «Devido à rede mundial integrada, aos pacotes e à internet das coisas, a guerra cibernética envolverá não apenas soldados, marinheiros e pilotos, mas, de maneira inexorável, o restante de nós», afirma Fred Kaplan, autor de *Dark Territory: The Secret History of Cyber War*. «Quando o ciberespaço está por toda parte, a guerra cibernética pode se infiltrar por todos os poros.» A boa notícia sobre a guerra cibernética é que ela nunca poderá rivalizar com os danos causados por armas nucleares. A má notícia é que se trata de uma guerra permanente.

Quando as reuniões do Pentágono começavam a discutir a guerra cibernética, Bob Gates, o então ministro da Defesa dos Estados Unidos, costumava murmurar: «Estamos entrando em território escuro outra vez».[21] Era uma expressão usada por seu avô, que trabalhava com estradas de ferro, para se referir aos trechos da linha onde não havia sinalização. Trata-se de uma boa descrição do mundo interconectado de hoje.

Dizem que a primeira vítima da guerra é a verdade. Na guerra cibernética, a verdade é um dos principais alvos. Estados como a Rússia e organismos não estatais como o Estados Islâmico podem criar histórias falsas a seu bel-prazer e fazer com que elas pareçam ter vindo de outras fontes. O sistema cuidará do resto. Em 2016, um grande número de histórias falsas foram consumidas por meio do Facebook. Foi

---

21 Esta anedota rendeu o título do livro de Kaplan.

também um ano de enormes receitas publicitárias para a empresa. Seria esperar demais da terceira maior companhia dos Estados Unidos que ela matasse uma das grandes fontes de crescimento de suas receitas — mesmo partindo da premissa de que ela seria capaz de desenvolver um algoritmo que filtrasse o falso do verdadeiro. Quando a confusão é um objetivo estratégico, é duplamente importante que as figuras públicas tenham credibilidade para desmentir erros perigosos. Na realidade, trata-se de um assunto de segurança nacional. Nem é preciso dizer que Donald Trump não possui tal credibilidade. É muito mais provável que ele seja uma fonte de propaganda desvairada do que um freio a ela. Três dias após ser empossado, ele telefonou pessoalmente para o chefe do Serviço Nacional de Parques dos EUA para pedir que ele apagasse um tuíte que mostrava fotos desfavoráveis do escasso público em sua cerimônia de posse, contra uma multidão na posse de Barack Obama. O tuíte foi prontamente apagado. A próxima vez que um funcionário público norte-americano estiver na posição de divulgar informações desfavoráveis a Trump, pensará duas vezes.

A equipe da Casa Branca de Trump disse publicamente que era preferível os diplomatas do país se demitirem a manifestarem dúvidas pelo consagrado canal dedicado às divergências no Departamento de Estado, que permite que os diplomatas expressem suas preocupações anonimamente. Trata-se de um canal importante para discussões internas.

Não existem informações neutras. Para os populistas, os fatos estão com eles ou contra eles. Neste momento, a guerra contra a verdade está sendo combatida a partir da Casa Branca. Trump deixou claro que a ordem mundial do pós-guerra liderada pelos EUA é passado. Mas o que entrará em seu lugar? Alguns temem que a China seja a potência ascendente. Mas é mais provável que o caos, e não a China, acabe tomando o lugar dos Estados Unidos. Encorajada por Trump, a rede de aliados dos EUA está começando a se desfazer. Na Grã-Bretanha, o aliado mais próximo dos Estados Unidos no pós-guerra, há um ditado que dizia que o objetivo era manter os alemães embaixo, os americanos dentro e os russos fora. Nenhum dos três está dando certo atualmente. A Rússia de Putin ganhou apoio em muitas democracias da Europa Central e, cada vez mais, na Europa Ocidental. Alguns comparam-na a um *raider* corporativo, que compra uma participação minoritária das ações de uma companhia e usa seu poder de voto para desestabilizar a empresa. Seu objetivo é a desunião europeia, algo que compartilha com Trump. O 45º presidente dos EUA conclamou os demais membros da União Europeia a seguirem a Grã-Bretanha. Após tomar posse, Trump perguntou publicamente qual seria o próximo país europeu a sair, além de continuar a lançar dúvidas sobre o futuro da OTAN. Por fim, a Alemanha está crescendo, mas Trump quer contê-la. Ele afirmou que a decisão de Angela Merkel de permitir a entrada de refugiados sírios era «um desastre». Peter Navarro chamou a Alemanha de manipuladora de divisas e comerciante desleal.[22] Merkel é agora a única líder europeia com alguma presença séria no cenário mundial. O espírito do internacionalismo ocidental repousa sobre seus ombros. Querer que uma líder da Alemanha em seu quarto mandato carregue essa bandeira é pedir demais. À medida que a Rússia aumentar sua interferência na Europa, a Alemanha será tentada a reemergir como potência militar. Isso com certeza aterrorizaria os fantasmas da história. Mas para onde mais podemos olhar? Quando Merkel teve de adiar sua primeira reunião com Trump devido à neve, Thomas Wright, da Brookings Institution, tuitou: «Reunião entre a líder do mundo livre e o presidente dos Estados Unidos adiada até sexta-feira». Ele não estava brincando de todo. No entanto, o fardo da Alemanha pode ser demasiado grande. Merkel será capaz de manter as sanções contra a Rússia se os Estados Unidos se voltarem contra elas? Ela permitirá que a periferia da Europa cresça? Ela conseguirá conter a crise migratória europeia?

Este livro não ousa oferecer prognósticos precisos. Mas é possível dizer que, se a Alemanha não conseguir liderar a Europa, a União Europeia irá se desfazer. É possível que a Europa tenha de se transformar numa fortaleza para se salvar. Mesmo antes de Merkel ter permitido a entrada de quase 1 milhão de refugiados sírios, a migração global havia atingido seu pico no pós-guerra. Três por cento

------

22 Shawn Donnan, «US trade chief seeks to reshore supply chain», *Financial Times*, 31 jan. 2017.

da população mundial vive hoje em países diferentes daqueles em que nasceu. De acordo com pesquisas da Gallup sobre migração global, 16% do mundo — 700 milhões de pessoas — se mudaria para países mais ricos se pudessem.[23] Isso é válido especialmente para a África e o Oriente Médio. Muitos outros continuarão tentando. Por razões geográficas, a Europa é o seu destino natural. Isso é ainda mais verdadeiro agora que Trump é o presidente dos EUA. Parece provável que sua proibição temporária de vistos para seis países muçulmanos será expandida quando as barreiras legais forem superadas. O que significa que ainda mais refugiados e imigrantes econômicos se dirigirão à Europa. A democracia europeia não conseguirá sobreviver a outra década como a passada. O populismo quase sempre oferece uma cura pior do que a doença. Mas o presidente húngaro Viktor Orbán estava certo sobre uma coisa: a Europa deveria ter protegido suas fronteiras externas antes de eliminar as internas. O livre movimento de pessoas encontra-se agora sob a ameaça de uma revolta populista contra o dramático aumento de recém-chegados vindos de fora. A quantidade de dinheiro gasta com a Frontex, a nascente agência de fronteira europeia, é uma fração do necessário para patrulhar as fronteiras. Apesar de isso soar duro, a Europa não pode resolver o problema do Oriente Médio importando-o.

---

23 Citado em Branko Milanovic, *Global Inequality: A New Approach for the Age of Globalization*. Cambridge: Belknap Press, 2016.

Ela tampouco possui a capacidade de absorver os milhões de migrantes econômicos da África. A Europa precisa fazer escolhas extremamente difíceis para se salvar.

Dias após a posse, os Estados Unidos já tinham tornado essas escolhas dramaticamente mais difíceis. *O fim da história* de Fukuyama pode estar errado, mas isso não quer dizer que *O choque de civilizações* de Samuel Huntington deve estar certo. A mal disfarçada investida de Trump contra os muçulmanos justifica a visão de mundo apocalíptica de grupos como o Estado Islâmico, que diz aos muçulmanos que o Ocidente está em guerra contra o Islã. Agora eles têm provas sólidas disso. A visão de Stephen Bannon de um mundo judaico-cristão em luta mortal com o Islã é um presente aos radicais de todo o mundo. A um Oriente Médio sectário, ela oferece uma imagem espelhada de um Ocidente sectário. A triagem extrema está se tornando o leitmotiv da América pós-2016. O fato de os principais alvos de Trump serem eles mesmos vítimas de terrorismo, e não seus perpetradores, é algo irrelevante. A medida foi intrinsecamente política; seu público era norte-americano. Os oponentes da proibição de vistos decretada por Trump argumentam que o decreto omitiu países, como a Arábia Saudita, que forneceram terroristas para o Onze de Setembro. Além disso, a grande maioria dos ataques terroristas domésticos ocorridos desde então foram cometidos por muçulmanos nascidos nos Estados Unidos, muitos deles convertidos recentes ao Islã. Tais críticas são tristemente quixotescas. Elas partem do princípio de que o objetivo de Trump é aprimorar a segurança dos EUA. Mas foi Bannon o responsável por minutar o primeiro decreto frustrado de Trump, não os especialistas em segurança. A agenda de Bannon é civilizacional: sua linguagem revela isso. Até mesmo Putin, que governa uma federação com um quinto de muçulmanos, toma um grande cuidado para evitar pintar com essas tintas uma religião global. «Eu preferiria que o Islã não fosse mencionado em vão em associações com o terrorismo», disse Putin numa entrevista coletiva em dezembro de 2016. Putin invariavelmente refere-se ao ISIS como o «suposto Estado Islâmico».[24] O seu vocabulário nunca oscila. George W. Bush, que visitou o Centro Islâmico de Washington seis dias após o Onze de Setembro para tranquilizar os muçulmanos de que não havia uma guerra contra sua religião, nunca hesitou em fazer tal distinção. Assim como o presidente Obama. Mas, aos olhos dos islamistas, Trump simplesmente deixou cair a máscara. O Ocidente sempre esteve em guerra com o Islã. Trump deixou de fingir. Em um momento em que o Estado Islâmico está em retirada militar na Síria e no Iraque, Trump facilitou seus esforços de recrutamento. O que ele fará quando o primeiro ataque terrorista doméstico acontecer sob sua guarda? O massacre em San Bernardino aconteceu no fim de 2015, quando a campanha de Trump nas primárias estava consolidando sua

---

24 Andrew E. Kramer, «The phrase Putin never uses about terrorism (and Trump does)», *The New York Times*, 1º fev. 2017.

liderança. Foi então que ele propôs pela primeira vez a proibição dos vistos a muçulmanos. Ele também falou em criar uma base de dados nacional sobre muçulmanos, que teria implicações assustadoras sobre a igualdade perante a lei. Criar um registro de muçulmanos norte-americanos seria quase com certeza inconstitucional, não importando quem minutasse a linguagem do texto. Mas a lei toma o seu tempo. O dano seria incalculável.

Para o bem ou para o mal — e eu acredito que, na maior parte das vezes, para o bem —, a democracia americana esteve ligada a sua política externa por mais de setenta anos. Mesmo quando ela se mostrava hipócrita, tal como na «guerra contra o terror» e durante grande parte da Guerra Fria, a ideia dos Estados Unidos provou-se maior do que suas falhas. A ligação entre uma América que garantia seu sistema em casa e o promovia no exterior nunca foi rompida, apesar de algumas vezes ter sido maculada. Trump está invertendo essa ligação. Quanto mais escárnio ele despeja sobre as tradições democráticas em casa, mais as coloca em perigo no exterior. O Oriente Médio talvez seja o laboratório mais inflamável. Será muito mais difícil para os árabes defenderem a democracia no mundo pós-2016 do que antes — e isso é dizer muito. O mesmo se aplica aos chineses, russos, africanos e aos povos do mundo todo. A crise da democracia ocidental é também a crise das relações internacionais, elas são dois lados da mesma moeda.

A democracia liberal ocidental ainda não está morta, mas se encontra muito mais próxima do colapso do que gostaríamos de acreditar. Ela está enfrentando seu maior desafio desde a Segunda Guerra Mundial. Desta vez, no entanto, nós conjuramos o inimigo interno. Em casa e no exterior, as melhores tradições liberais dos Estados Unidos estão sob ataque de seu próprio presidente. Colocamos incendiários no corpo de bombeiro. A má notícia é que populistas como Donald Trump e Nigel Farage estão ganhando a briga. A boa notícia é que a reação a eles ainda pode melhorar muito.

Parte quatro

Meia-vida

*O perdão é a chave da
vida e da liberdade.*
Hannah Arendt

«Nós não somos isso.» Do vereador a Barack Obama, perdi a conta de quantas vezes ouvi essa frase. Ela geralmente é dita com a melhor das intenções. Quando um país está abalado por um massacre numa escola primária, ele precisa ser reconfortado. O que acabou de acontecer foi uma aberração — nós não somos isso. No entanto, esse sentimento foi desvalorizado por uma inflação galopante. Eleger Mitt Romney em 2012 teria ido contra o que somos. Idem para construir um muro, apoiar a pena de morte ou se opor ao casamento gay. Só para deixar registrado, eu apoio o casamento igualitário e temo a cultura das armas. Mas as palavras traem uma tendência incorrigível a apresentar a última inflexão no pensamento liberal como uma verdade autoevidente. O exemplo mais surpreendente disso foi a ordem dada por Obama em 2016 ameaçando congelar verbas para escolas que negassem às crianças a escolha de sua identidade de gênero. Aqueles que se opuseram à medida foram chamados de transfóbicos. Quaisquer que sejam os direitos em disputa, aqueles que se opõem são invariavelmente classificados como estando do lado errado da história — outro «obamismo» bastante comum. Esse tipo de linguagem pode ser criticada de duas maneiras. Em primeiro lugar, ela reinventa o passado. Por exemplo, o próprio Obama só apoiou o casamento gay quatro anos depois de seu governo ter começado.[1] Hillary Clinton esperou até 2013. Em outras palavras, eles não estavam do «lado certo da história» até pouco tempo atrás. A verdade não era autoevidente até então? Antes da questão dos banheiros transgênero ter surgido, duvido que algum dos dois tenha pensado no assunto. Em segundo lugar, o tom moral quase sempre volta como um bumerangue. As pessoas sentem que estão sendo condescendentes com elas. Se seus oponentes não são aquilo que somos, o que isso faz deles? É de presumir que eles estejam do lado errado da história, um lugar em que ninguém quer estar. Se a política é persuasão, essas são táticas perigosas. Há uma linha tênue entre convencer as pessoas dos méritos de um tema e sugerir que elas são réprobos morais se não enxergam o que você quer demonstrar. A América liberal ultrapassou essa linha muito antes de Obama tomar posse.

Em algum momento da década de 1960, a esquerda ocidental abandonou a política da solidariedade para abraçar a política da liberação pessoal. Você pode escolher o seu momento.

---

1 Becky Bowers, «President Barack Obama's shifting stance on gay marriage», *Politifact*, 11 de maio de 2012.

Philip Larkin, o misantropo poeta inglês, localizou a mudança cultural no início da década de 1960: «Só começou a haver sexo/ Em mil novecentos e sessenta e três (...) /Entre o fim do interdito/ De Lady Chaterley's Lover/ E o primeiro LP dos Beatles.»[2] O estilo e as imagens de Larkin eram irreverentes, mas ele definiu a década. De maneira mais séria, muitos na França tendem a datar a mudança dos protestos que paralisaram Paris em 1968. Apesar de um tanto arbitrário, meu momento norte-americano preferido é a batalha entre os manifestantes estudantis contrários à Guerra do Vietnã e a polícia de Chicago, na convenção do Partido Democrata, em 1968.[3] Em *Miami and the Siege of Chicago [Miami e o cerco de Chicago]*, Norman Mailer descreve o que acontece quando a base de um partido se separa de sua liderança. Dentro do salão cercado, os figurões do partido acertavam a nomeação de Hubert Humphrey, o impopular vice-presidente que apoiava a Guerra do Vietnã. Do lado de fora, os policiais do prefeito Richard Daley espancavam os hippies que se manifestavam. «O Partido Democrata rachou em dois perante os olhos da nação como a baleia de Melville irrompendo para fora do mar», escreveu Mailer. A plataforma dos manifestantes exigia a abolição do dinheiro, o desarmamento da polícia e o pleno emprego. Os policiais de classe trabalhadora,

---

2 Philip Larkin, *Janelas altas*. Trad. Rui Carvalho Homem. Lisboa: Cotovia, 2004. (N. T.)

3 Edward Luce, «Why Cleveland will haunted by the ghosts of Chicago», *Financial Times*, 10 abr. 2016.

de origem majoritariamente italiana e irlandesa, levaram a melhor nas violentas batalhas que se seguiram. Mas os hippies ganharam a guerra. Em 1972, a Comissão McGovern-Fraser mudou o curso do partido. Ela incluiu vagas obrigatórias para mulheres, minorias étnicas e jovens — mas deixou completamente de fora os homens da classe trabalhadora. «Nós não vamos deixar esses Camlot de Harvard e Berkeley tomarem o nosso partido», disso o líder da AFL-CIO, a maior federação de sindicatos dos Estados Unidos.[4] Foi exatamente isso o que aconteceu.

Começando com os «democratas de Reagan» e, mais tarde, com os «republicanos de Bush», a classe trabalhadora branca gradualmente passou para o lado conservador. Levou um bom tempo para que ela se sentisse culpada por tal escolha. O mesmo aconteceu na Grã-Bretanha, quando as classes trabalhadoras especializadas romperam com o Partido Trabalhista e passaram a votar nos conservadores, em 1979. Elas foram decisivas para o sucesso eleitoral de Margaret Thatcher e formam agora a espinha dorsal do UKIP. Os republicanos passaram os últimos quarenta anos alimentando as ansiedades dos brancos, ao mesmo tempo que ignoravam as inseguranças da classe trabalhadora branca. Eles usavam palavras sutis para canalizar o ressentimento contra o multiculturalismo. E então chegou Trump com seu megafone. O resto é história, como dizem. Mas

---

4 Edward Luce, «The End of American Meritocracy», *Financial Times*, 8 maio 2016.

quem está do lado certo dela? O longo arco da história se inclina em direção à justiça, como Obama poeticamente afirmou? Ou o progresso é construído com «um tijolo de cada vez, por mãos cheias de calos e mais mãos cheias de calos»?[5] Certamente sim. A reforma é fruto do esforço diligente. As vitórias dos direitos civis da década de 1960 foram conquistadas por pessoas corajosas que estavam preparadas para colocar suas vidas em risco. Mas tenho grandes dúvidas sobre o longo arco da história. A história não é um carro sem condutor levando a humanidade a um destino predefinido. Quem quer que seja o humano detrás do volante, ele deve garantir que os demais permaneçam no carro. Dizer a alguns dos passageiros que seu lugar não é no banco do motorista porque eles não têm ideia do destino resultará, cedo ou tarde, num acidente. «Retomar o controle», cantavam tanto os partidários do Brexit quanto os eleitores de Trump. É o grito de guerra da revolta populista por todo o Ocidente.

Há duas maneiras de decifrar tal impulso. Uma delas é ignorá-lo como a derradeira reação de extremistas que desejam voltar duas gerações no tempo e desfazer direitos duramente conquistados pelas mulheres e pelas minorias étnicas e sexuais. Essas são as pessoas que «se aferram às suas armas, à sua religião e à sua antipatia por pessoas que não são como elas», como disse Obama em 2008. A outra é ouvir o

---

5 Transcrição: *This is your victory, says Obama*, CNN. Transcrição do discurso da vitória de Obama em 2008.

que eles têm a dizer. Algumas de suas ansiedades são culturais, outras econômicas. O debate sobre qual delas está alimentando a revolta é impossível de resolver. Se desprezamos metade da sociedade como «deplorável», abrimos mão de sua atenção, além de colocarmos em risco a democracia liberal. Uma coisa é nos persuadirmos de que conhecemos o futuro. Outra é não entender o que está acontecendo diante de nossos olhos. Desde o fim da década de 1970, os governos do Ocidente, à direita e à esquerda, têm privatizado o risco. Em maior ou menor grau — mais agudamente nos EUA e no Reino Unido —, as sociedades estão lentamente retornando aos dias anteriores à proteção social. O que antes era garantindo pelo governo e pelos empregadores foi transferido aos indivíduos. Quando as pessoas atravessavam dificuldades, elas sabiam que havia fundos para ampará-las. Essas garantias foram implacavelmente reduzidas. A retirada do Estado coincidiu com a revolução na natureza do trabalho. Mais e mais empregos são fragmentados, terceirizados ou temporários. As pessoas são cada vez mais responsáveis por suas próprias aposentadorias e pela manutenção de suas habilidades laborais. Na Grã-Bretanha, o movimento em direção às «zero horas», em que o empregado já não tem controle sobre quantas horas ele pode trabalhar, espalhou-se por toda parte. Quase 60% da força de trabalho dos EUA hoje recebe por hora, em lugar de salários anuais.[6] O salário mediano

---

6 Tamara Draut, *Sleeping Giant: How the New Working Class Will Transform America*. Nova York:

por hora é de $ 15,61. A classe trabalhadora passou de fazer coisas a servir pessoas. A maior parte dos motoristas de caminhão dos EUA são agora trabalhadores independentes. Eles são conhecidos como «boias-frias» sobre rodas.[7]

Independentemente de onde a história os coloque, essas pessoas estão do lado errado da economia. Mas isso não é a soma do que eles são. Nossas mentes ordeiras colocam todas essas tendências num compartimento econômico. Se conseguíssemos aumentar o salário mínimo, se oferecêssemos benefícios aos trabalhadores temporários, nós resolveríamos o problema. Mas agir assim é perder de vista a dimensão social maior do que está acontecendo. Se ouvimos o que as pessoas estão dizendo, acabamos tendo uma visão muito mais perturbadora das ansiedades pós-modernas. Pesquisa após pesquisa, a maior reclamação dos trabalhadores é a de serem tratados com falta de respeito.[8] Seja trabalhando num depósito da Amazon, servindo fast food ou sentado num cubículo de atendimento ao cliente, eles se sentem diminuídos pela maneira como são tratados. A pessoas precisam pedir permissão para ir ao banheiro a supervisores que estão cronometrando cada minuto de seu tempo. No entanto, o roubo de salários — a sistemática subestimação das horas extras trabalhadas — explodiu. Com frequência, a empresa para a qual você trabalha não é a companhia para a qual você parece

---

Doubleday, 2016, p. 3.

7   Ibid., p. 58.

8   Ibid., p. 2.

estar trabalhando. Gostamos de pensar que as pessoas estão assumindo sua responsabilidade individual, mas as empresas estão repassando o máximo que podem de suas obrigações para os trabalhadores. O objetivo é aumentar os rendimentos por empregado. Quanto mais pessoas elas retiram do balancete, maiores são os seus ganhos. Durante as recessões anteriores, a produtividade tipicamente caía à medida que as empresas reduziam o volume de trabalho exigido de seus funcionários. A alternativa seria uma dolorosa rodada de demissões. Agora, elas só precisam reduzir os trabalhadores temporários, algo indolor e invisível. É por isso que a produtividade corporativa se manteve durante a Grande Recessão. O risco foi transferido ao indivíduo.

Os números são eloquentes o suficiente. Mas não capturam a indignidade sentida pelas pessoas. O desejo de dignidade é uma aspiração social ou econômica? Ou será ele cultural? Minha sugestão é que a necessidade de dignidade é universal. Quando as pessoas deixam de acreditar que a sociedade as está tratando com justiça, elas passam a uma cultura mais profunda de desconfiança. Não deveria ser surpreendente que elas passem a ver com uma desconfiança tóxica aquilo que os vencedores lhes dizem. Lembrem-se de como a população reagiu quando os grandes bancos foram resgatados durante a Grande Recessão. Foram os contribuintes que pagaram a conta. As pessoas comuns ainda tiveram de responder; milhões de casas foram penhoradas. Não basta dizer que todos estariam em pior situação se o governo tivesse permitido que os bancos falissem. Isso é verdade. Mas a sociedade não é uma folha de balanço. As pessoas interpretam o mundo em termos morais. Elas possuem narrativas. O público percebeu que o governo Obama não avançou com uma única condenação criminal naquilo que foi uma das maiores fraudes da história financeira dos Estados Unidos. Sob Trump, devemos voltar a nos acostumarmos a ouvir o mundo ser descrito em termos do Antigo Testamento, e, no entanto, não tenho dúvida de que Wall Street ainda será considerada digna do perdão do Novo Testamento.

Logo após a eleição, conversei com Karim Sajadpour, um muçulmano norte-americano cujos pais deixaram o Irã na década de 1970. Normalmente, eu consultaria Karim a respeito do Irã e do Oriente Médio — ele é um especialista num importante *think tank* em Washington. Mas poucas pessoas, incluindo Karim, conseguiriam manter o foco no trabalho por muito tempo. Mais ou menos na mesma época, Francis Fukuyama me contou que havia abandonado seus projetos de pesquisa. «De repente, todo o meu trabalho dos últimos anos passou a parecer trivial», disse ele. «O único assunto em que consigo pensar é o futuro da democracia liberal».[9] Karim sentia o mesmo. Mesmo com

....

9 Entrevista com o autor, janeiro de 2017. Uma nota sobre Fukuyama: apesar de ter criticado a tese do Fim da História, como se tornou comum entre muitas pessoas, eu o considero um dos pensadores mais sutis, eruditos e reflexivos da atualidade. Ele também segue a tirada de Keynes: «Quando os

a vitória de Trump colocando o acordo com o Irã em dúvida, Karim não conseguia se desvencilhar do que estava acontecendo nos EUA. Em especial, ele estava fixado em sua cidade natal em Michigan, chamada Midland. Sua família tinha se mudado para Midland para que seu pai pudesse trabalhar como neurologista. Eles ainda vivem lá. Karim e seus três irmãos cresceram na cidade durante a revolução iraniana e a crise dos reféns norte-americanos. Era um tempo de racionamento de gasolina. Imagens de islamistas raivosos queimando bandeira dos Estados Unidos povoavam a televisão. Os diplomatas norte-americanos ficaram detidos durante 444 dias. Como uma das poucas famílias muçulmanas numa cidade majoritariamente de classe trabalhadora, Karim afirma que ele seria um alvo natural para a frustração das pessoas. Para aumentar a visibilidade da família Sjadpour, sua avó, que usava o véu islâmico, vivia com eles. No entanto, ele não consegue se lembrar de nenhum incidente racista. «Nossas origens causavam, às vezes, uma leve curiosidade», disse ele. «Mas nós éramos notados sobretudo por nossas habilidades esportivas... eu e meus irmãos jogávamos muito bem futebol.» Seus melhores amigos eram os Tessin, uma família católica. Uma vez que o pai de Karim ganhava bem, eles podiam contratar ajuda. «Em retrospecto, o mais notável é que as pessoas que trabalhavam para a minha

---

fatos mudam, eu mudo de ideia. E o senhor, o que faz?» Se Fukuyama não a tivesse escrito, teríamos de inventá-la.

família — as babás e diaristas — eram todas locais», conta Karim. «Mas nós nunca percebemos nenhum ressentimento.» Como seus pais tampouco percebem hoje.

No dia 9 de novembro, Karim ficou chocado ao perceber que sua cidade natal havia votado majoritariamente em Trump. Ele sabia que eram as mesmas pessoas com quem havia crescido. Mas não comprou a ideia de que todos tinham subitamente se transformado em nacionalistas brancos. «Como acontece com os eleitores de Trump por toda parte, tenho certeza de que suas motivações eram complicadas — mas o racismo não me parece uma explicação convincente», disse ele. «Colocar uma família do Irã em Midland num momento em que os iranianos estão cantando ‹Morte à América› colocaria à prova a tolerância de qualquer comunidade. Midland passou com louvor.» Talvez as pessoas de Midland, que sofreram economicamente junto com outras partes do Meio-Oeste, não tenham gostado de ser vistas como «deploráveis». Talvez quisessem retomar o controle de suas vidas, mesmo que só tenham pensando de maneira vaga em como fazê-lo. Isso implicaria voltar-se contra muçulmanos ou expulsar mexicanos? A partir da história de Karim — e de muitas outras pessoas — é difícil acreditar que esse tenha sido seu principal motivo. No entanto, é algo que poderia acontecer. Resta pouca dúvida de que Trump está interpretando seu mandato dessa forma. A democracia não pode sobreviver por muito tempo em um pântano de antipatia mútua. Dependendo da sociedade, a maioria do

Ocidente está se movendo na direção do populismo ou da plutocracia. Em alguns casos, como nos EUA, há uma queda numa espécie de híbrido plutopopulista que se parece cada vez mais com a América Latina. Os planos de Trump de desregulamentar Wall Street são um exemplo perfeito disso. Após atacar sua cobiça durante a campanha, ele agora afrouxa as restrições sobre ela ao chegar ao poder. Enquanto isso, Trump planeja satisfazer o impulso populista demonizando imigrantes ilegais e muçulmanos, bem como deixando-se levar pela teatralidade política. Ele irá operar como uma espécie de Ku Klux Kardashian, combinando populismo de extrema direita com o melhor do vaudeville pós-moderno. É como se os Bourbon franceses tivessem voltado à vida como neoliberais do século XXI. Eles não aprendem. Não importa qual seja o desafio, brioches e diversões grátis são a solução. Trump deveria ter liderado uma revolta contra as elites. Na prática, ele não perdeu tempo em servir um banquete de desregulamentação e cortes de impostos para o deleite dessas mesmas elites. Em marketing, isso se chama «isca e troca». O efeito líquido da verdadeira agenda de Trump — em oposição ao de sua agenda retórica — será o aprofundamento das condições econômicas que deram lugar à sua candidatura.

Meu objetivo não é apresentar um manifesto político detalhado. Cada grande solução tem seu lado negativo. Criar uma renda mínima universal (RMU) — uma solução que atrai cada vez mais apoio — possui um apelo amplo e superficial. Cada cidadão receberia uma renda mínima de, digamos, £ 15 mil por ano. Todos os demais pagamentos de seguridade social seriam cancelados, e esse dinheiro financiaria o projeto todo. Uma RMU serviria como colchão para os perdedores em tempos difíceis e daria a eles um trampolim quando as coisas estivessem melhores. De um só golpe, ela também nos livraria do enorme aparato burocrático que decide quem tem ou não direito aos benefícios. Adeus a milhares de humilhações diárias. Mas o modelo da RMU possui algumas falhas graves. Em primeiro lugar, criaria um poderoso ímã que atrairia imigrantes para o Ocidente. Impedi-los de entrar e evitar que aqueles que conseguem fazê-lo recebam a RMU exigiria medidas de segurança ainda mais draconianas. Em segundo lugar, uma RMU cortaria a ligação entre esforço e recompensa. As pessoas gostam de se sentir valorizadas. O trabalho não se resume a recompensas econômicas, mas também diz respeito a um objetivo e autoestima. A ociosidade destrói a alma. Depressão, divórcio, desespero e suicídio disparam após seis meses sem trabalhar. Os defensores da RMU descrevem-na como uma varinha mágica capaz de resolver os problemas complexos com os quais nos deparamos. Temo que ela causasse uma espécie de *Jogos Vorazes*, no qual os pobres conseguem se manter, mas, ao mesmo tempo, saciam-se com entretenimento do tipo todos contra todos. A RMU tampouco diz algo sobre o futuro do trabalho.

Devemos pensar de uma maneira mais radical do que essa. Devemos também ter em mente que qualquer coisa que façamos terá efeitos globais. O mundo em desenvolvimento está fabricando a maior parte dos bens de capital usados para deslocar os empregos da população de renda média no mundo desenvolvido. O trabalho dessas pessoas é cada vez mais dedicado a cuidar dos ricos.[10] Será que deveríamos continuar a nos ater à ideia de que mandar todo mundo para a universidade é uma solução? Além do fato de que os impactos de uma reforma educacional levariam vinte anos ou mais para serem sentidos, as máquinas provavelmente estão se movendo mais rapidamente. Muito antes, a tecnologia já teria ultrapassado qualquer atualização nos currículos escolares. É provável que a China e a Índia também tenham se movido com maior velocidade. Um objetivo crítico deve ser, portanto, aumentar as recompensas de empregos técnicos e no setor de serviços no Ocidente. Em áreas diferentes, a Alemanha, a Escandinávia e outras partes da Europa são boas nisso. Ao oferecer às pessoas habilidades técnicas genuínas, a qualidade do que elas fazem é aumentada. O mundo anglófono esqueceu como se faz isso. Em lugar de valorizar os serviços de alta qualidade, a sociedade os exige ao menor preço possível. Outro objetivo é educar as pessoas para que consigam viver num mundo em que as máquinas estão assumindo a maior parte dos empregos. Isso significa reavivar o foco nas humanidades, incluindo níveis básicos de conhecimentos políticos. O objetivo da educação não deveria ser

---

10 Estou parafraseando a descrição que Branko Milanovic faz da divisão global do trabalho.

exclusivamente conseguir um emprego. Ela deve equipar-nos para sermos membros plenos da sociedade.

Como seria um novo contrato social? Uma vez que nossa crise é política, a solução deve ir muito além da economia. Minhas opiniões nem sempre se encaixam nas categorias do século XX, mas acredito que proteger dos infortúnios arbitrários os mais fracos em nossa sociedade é o teste máximo de nosso valor civilizacional. Parece óbvio que um sistema de saúde universal deveria ser uma defesa básica contra as vicissitudes de um mercado de trabalho cada vez mais volátil. Leis migratórias humanitárias deveriam ser cumpridas e a ligação entre benefícios públicos e cidadania deveria ser restaurada. Vivemos numa era de advogados e contadores. A microrregulação do ambiente de trabalho deveria ser substituída por diretrizes amplas; a liberdade de expressão, sob qualquer forma, deve ser garantida nos campi e na mídia; o sistema tributário deve ser vigorosamente simplificado; o governo deveria cobrar impostos sobre coisas nocivas, como o carbono, em lugar de sobre coisas positivas, como empregos; as empresas deveriam ser taxadas no local em que fazem seus negócios. Os governos devem lançar um Plano Marshall para treinar novamente a sua classe média. A natureza da democracia representativa deve ser repensada. Acima de tudo, o poder do dinheiro sobre o processo legislativo deve ser quebrado.

Creio que a maioria dessas propostas seja autoevidente, apesar de incompletas. Mas, quaisquer que sejam nossos remédios para a crise da democracia liberal, não é provável que aconteça muita coisa a menos que as elites do Ocidente compreendam a enormidade do que têm diante de si. Ainda que apenas por autopreservação, os ricos precisam sair de sua Versalhes pós-moderna. Atualmente, eles parecem mais preocupados em reforçar suas fortificações. Em 2009, o governo Obama propôs um modesto imposto sobre as comissões de rendimento que teria tratado como rendimentos uma pequena porção dos ganhos de capital. Isso teria dado uma minúscula mordida na renda dos maiores barões de fundos de investimento e dos fundos privados. Como afirmou Warren Buffet, «Não é justo que meus impostos sejam mais baixos do que os da minha secretária». Wall Street levantou-se contra a medida. «O meu governo é a única coisa entre vocês e a multidão enfurecida», disse Obama aos banqueiros em 2009. Logo depois, ele diminuiu o tom. Stephen Schwartzman, um dos indivíduos mais ricos dos Estados Unidos, comparou a modesta proposta tributária de Obama à expropriação nazista. «É uma guerra», disse Schwartzman, cuja fortuna é avaliada em $ 11 bilhões. «É igual à invasão da Polônia por Hitler em 1939.»[11] Sim, você leu certo. Oito anos depois, Schwartzman permaneceu calado quando Trump anunciou sua proibição de entrada de muçulmanos. Mas ele estava exultante com as notícias de que Trump planejava

---

11 Courtney Comstock. Steve Schwarzman On Tax Increases: «It's Like When Hitler Invaded Poland», Business Insider, 16 de agosto de 2010.

revogar a reforma de Wall Street feita por Obama. Schwartzman tinha sido convidado havia pouco para ser o chefe do conselho de assessores de Trump sobre crescimento e empregos. A perspectiva de negócios dos EUA era «infinitamente superior» do que havia sido durante anos, disse ele. Eu duvido muito que o futuro da democracia ocidental tenha passado por sua cabeça. Ele não disse nada sobre o assunto, nem tampouco seus pares. Ao menos não publicamente. Eles estavam ocupados fazendo *lobby* a favor de sua futura bonança tributária, que promete ser imensa, como diria Trump. Os pensadores antigos sempre acreditaram que os ricos ofereciam um risco maior à república do que os pobres: eles se agarram com muito mais firmeza ao que possuem. «Nenhum tirano jamais conquistou uma cidade por estar pobre e faminto», disse Aristóteles. Ao menos, a história nos oferece um sistema de alerta precoce. Esperemos que sejamos capazes de prestar atenção. Da mesma forma que o inverno se segue ao outono, não é Trump o meu maior temor, apesar de ele ser assustador o bastante. Meu maior temor é quem quer que venha depois.

Pouco antes do Onze de Setembro, eu me mudei para a Índia para chefiar o escritório do *Financial Times* no Sudeste Asiático. Passei quase cinco anos em Nova Déli e provavelmente aprendi mais com aquela experiência do que em qualquer outra fase de minha vida. Entre muitas outras coisas, a Índia me ensinou como, em teoria, é fácil um país pobre crescer e também como isso é difícil na prática. Por fim, setenta anos após sua independência, a Índia é hoje a grande economia que cresce mais rapidamente no mundo. Serão necessárias ainda, no mínimo, uma ou duas décadas até a Índia precisar procurar o crescimento dentro de si mesma. Até lá, ele deve vir, em grande medida, por conta própria. No futuro próximo, o mundo dependerá tanto da Índia para alimentar a demanda global quanto dependeu da China. À medida que a China envelhece, a Índia ainda permanece jovem. Muitas das grandes questões com as quais a humanidade se depara serão respondidas na Índia, na China e na África — e não no Ocidente. Pela primeira vez em séculos, o Ocidente deve se acostumar com isso. Ele deve aprender a arte da persuasão e da concessão. Um imponderável é a capacidade de nossa espécie de lidar com a mudança climática, um assunto que está além do escopo deste livro. O futuro da guerra pode ou não ser decidido em algum lugar no teto do mundo para onde o centro de gravidade da humanidade está lentamente se deslocando. Mas a questão maior é o futuro da política. Divididos pelo Himalaia, os dois maiores países do mundo — a Índia e a China — encontram-se lado a lado, um deles, uma autocracia, o outro, uma democracia. Um deles teve sua revolução em 1949, o outro tornou-se um país livre em 1947. É o melhor experimento de laboratório possível.

Em suas primeiras décadas, poucos acreditavam na sobrevivência da democracia indiana. Com o breve interregno da emergência de Indira Gandhi na década de 1970, a democracia na Índia chegou agora aos setenta anos. Apesar de Narendra Modi, seu atual primeiro-ministro, possuir traços bonapartistas, é difícil imaginá-lo tentando fechar o sistema, e mais difícil ainda imaginá-lo sendo bem-sucedido nisso. A cultura indiana de discordância ruidosa e de puro pluralismo está tão enraizada a ponto de eu considerar a democracia mais segura na Índia do que em algumas partes do Ocidente. Metade da União Europeia só adotou a democracia no fim da década de 1980 e partes dela ainda estão em dúvida. Apontando para a multidão de religiões, cultos e ideologias políticas na Índia, o historiador britânico E.P. Thompson afirmou certa vez: «Não existe um pensamento sendo pensado no Ocidente ou no Oriente que não esteja ativo em alguma mente indiana». Mas a maior coisa que a Índia tem a seu favor é o crescimento. Apesar de o sistema de castas ter se tornado a forma de humilhação social mais esmagadora e multifacetada jamais vista, há um lado positivo nisso tudo: as coisas só podem melhorar. E, em sua maior parte, elas estão melhorando. Não importa quão profunda a desigualdade se torne — e, na Índia, o fosso entre a riqueza urbana e a pobreza rural é obsceno —, a maior parte das pessoas está melhorando. Além disso, a maioria dos indianos espera continuar a melhorar, trata-se de um lugar otimista. O mesmo vale para a maior parte da Ásia. Com exceção das Filipinas, o país menos bem-sucedido do Sudeste Asiático, as maiores esperanças democráticas podem estar se movendo cada vez mais para o Oriente. O futuro político da China é a maior dor de cabeça; o país corre o risco de ficar velho antes de ficar rico. Mas trata-se de uma nação imensamente sofisticada, muito mais versátil do que o modo como geralmente é retratada. Apesar de o mundo árabe ser mais rico do que a Índia e de estar empatado com a China, a maior parte de suas economias está indo na direção errada, o que é algo ominoso para a política da região e alarmante para o resto do mundo. A menos que algo se rompa, o mundo árabe parece destinado a seguir buscando o paraíso perdido. Nossa esperança é que o impacto do populismo ocidental não o empurre ainda mais na direção errada.

O Ocidente será capaz de recuperar seu otimismo? Se a resposta for não — e a maioria das perspectivas está se inclinando na direção errada —, a democracia liberal será a próxima vítima. Se os próximos anos se parecerem a este último, é duvidoso que a democracia ocidental possa aguentar a pressão. As pessoas perderam a fé no sistema. Mais e mais pessoas estão olhando para o passado, para uma era de ouro que não poderá nunca ser reconquistada. Quando uma cultura deixa de olhar para o futuro, ela perde sua força vital. A busca pelo éden termina sempre em lágrimas. O escritor alemão Thomas Mann certa vez acusou seus pares de cultivarem «uma simpatia pelo abismo». O pessimismo cultural raramente é um estado de espírito útil. Nosso lugar no mundo é intrinsecamente subjetivo, a Gomorra de um pode ser as cem flores se abrindo do outro. Não existe uma medida precisa de saúde da democracia liberal. Mas podemos ter certeza de que a América não se tornará novamente grande sob Trump. Haverá uma sensação letal de traição e frustração quando ele fracassar. Quem sabe aonde isso pode nos levar? É reconfortante pensar, como muitos o fazem, que o sistema norte-americano simplesmente voltará ao modo pré-Trump. No mínimo, é igualmente provável que Trump consiga jogar a culpa nas elites, nos estrangeiros, no Islã, nas minorias, nos juízes não eleitos e em outros sabotadores convenientes. É assim que agem os populistas. Não há nenhuma regra que diga que os populistas simplesmente desapareçam. Na condição de presidente, os meios à disposição de Trump para defletir a raiva da população e atacar seus inimigos são de causar calafrios. Na melhor das hipóteses, a história é ambivalente sobre essa questão. Trump não é um *deus ex machina*. As condições que permitiram sua ascensão devem apenas se deteriorar durante seu governo. Devemos temer o que quer que venha depois de Trump. Imaginem como as coisas seriam com um nacionalista branco competente e sofisticado na Casa Branca. Nos anos futuros, devemos estar especialmente atentos às sábias palavras de Benjamin Franklin: «O preço da liberdade é a eterna vigilância». As elites liberais em especial terão de resistir à tentação de seguir com suas vidas confortáveis e imaginar que estão fazendo sua parte ao participarem de um ou outro protesto no Facebook. Para Trump, se você não está contra ele, você pode muito bem estar com ele. Os adversários de Trump devem aprender também a separar o homem de seus eleitores. Seria um erro terrível continuar tratando metade da sociedade como conservadora e limitada. Alguém disse certa vez que a diferença entre o erotismo e a pornografia é a iluminação. A linha entre democracia iliberal e autocracia é igualmente tênue. Reconheceremos a diferença quando a virmos.

Agradecimentos

Eu já escrevi livros ambiciosos sobre temas importantes antes. Mas nada se compara a um pequeno volume sobre o futuro da democracia liberal no Ocidente. Parece absurdo que um único autor tenha a ousadia de abordar um assunto tão profundo, vasto, historicamente complexo e que se espraia por tantos países. E num período tão curto. Mas não me desculpo pela tentativa. Hoje em dia, somos amaldiçoados por uma especialização acadêmica cada vez mais estreita. Por definição, não é possível existir um especialista numa empreitada multidisciplinar como esta. Como cidadão de um país democrático, residente em outro e antigo residente em quatro outras democracias, além de viajante frequente a muitas outras, minha paixão por nosso futuro político é inevitavelmente maior do que meus conhecimentos. Sou também pai de uma jovem, Mimi. Quando penso em seu futuro, sinto cada vez mais medo, junto com esperança. Todos estão qualificados para se preocuparem com a sociedade em que seus filhos crescerão. Quando penso em meus pais octogenários, é com uma pungência a mais. Sei que eles se preocupam mais do que nunca com o futuro de nosso mundo. A próxima geração pode ser impotente para mudar algumas coisas. Mas nós certamente somos capazes de impedir que nossas sociedades escorreguem em direção a uma nova idade das trevas.

Meus primeiros agradecimentos vão para minha incrivelmente generosa empresária, Natasha Fairweather, que trouxe a ideia de um livro sobre esse assunto logo após a vitória de Donald Trump. Sem seu estímulo, eu nunca teria sonhado em aceitá-la. Como ela apontou, eu poderia passar o resto da vida pesquisando uma obra em muitos volumes sobre o assunto e morrer sem vê-la terminada. Não existe um tempo como o presente — especialmente *este* presente. Da mesma forma, gostaria de sublinhar meu profundo agradecimento a Morgan Entrekin, da Grove Atlantic, e a Tim Whiting, da Little Brown, que compraram este projeto de maneira tão entusiasmada. Sem seu voto de confiança — e sua experiente orientação —, este livro não teria sido escrito. Também tive muita sorte em ter duas editoras talentosas e com olhos de águia — Zoe Gullen, em Londres, e Allison Malecha, em Nova York. Elas têm minha gratidão por seu prazer com os detalhes, bem como por seu entusiasmo profissional. Várias pessoas leram o manuscrito com grande velocidade e fizeram excelentes comentários. Quaisquer erros de julgamento que persistam são meus. Mas cada uma delas foi generosa com seu tempo e com seus *insights*. Meus mais profundos agradecimentos são dedicados a Ivo Daalder, Pratap Bhanu Mehta, Mat Burrows, Krishna Guha, Niamh King, Rachel Bronson e Luigi Zingales. Também me beneficiei imensamente dos *insights* de Michael Lind, da New America Foundation, cujo trabalho sobre a trajetória da democracia nos EUA e cujas conversas sobre muitos assuntos tratados neste livro revelaram-se inestimáveis. Michael merece um reconhecimento muito maior por antecipar a crise com que nos defrontamos atualmente. Outros que frequentemente me emprestaram seus cérebros, e a quem sou profundamente grato, incluem Tyler Cowen, Jonathan Rauch, Larry Summers, David Rothkopf, Martin Wolf, Jonathan Kirshner, Bill Galston, E. J. Dionne, Thomas Wright, Richard Porter, Eric Li, Lloyd Green, Alexander Dynkin, Steve Clemons, David Frum, John Pethkoukis, Jane Mayer, Tom Friedman, Matthias Matthjis, William Wallis, Sidney Blumenthal, Karim Sajadpour, Yascha Mounk, Francis Fukuyama, Niall Ferguson, Lou Susman, Richard Longworth, Kori Schake e Liaquat Ahmed. Peço desculpas às muitas pessoas que ficaram de fora. Gostaria de agradecer igualmente ao *Financial Times* por me dar a oportunidade de trabalhar como colunista e articulista em geral. É um enorme privilégio ser empregado pelo eminente jornal global e trabalhar entre tantos jornalistas talentosos. Meus profundos agradecimentos ao FT por me dar o espaço e o tempo, num prazo tão curto, para escrever este livro. Por fim, gostaria de agradecer às duas pessoas mais importantes da minha vida. Minha filha, Mimi, que me dá alegria e perspectiva. Já a flagrei mais de uma vez vendendo exemplares avulsos de meu último livro na porta de nossa casa, em sua barraquinha de limonada de verão. Só peço a ela que faça um desconto menos generoso em cada um. Gostaria de dedicar este livro a Niamh

King, minha companheira; meu amor, além de minha melhor amiga. Sem Niamh, nada faria sentido. Se todos fossem um pouquinho como Niamh, não haveria necessidade de um livro como este. A democracia liberal estaria segura. Não posso imaginar ter escrito este livro sem ela.

Volumes publicados Biblioteca Âyiné

1. Por que o liberalismo fracassou? **Patrick J. Deneen**
2. Contra o ódio **Carolin Emcke**
3. Reflexões sobre as causas da liberdade e da opressão social **Simone Weil**
4. Onde foram parar os intelectuais? **Enzo Traverso**
5. A língua de Trump **Bérengère Viennot**
6. O liberalismo em retirada **Edward Luce**